Andrea Schütze

WAS FÜHLST DU? WAS FÜHLE ICH?

Andrea Schütze

WAS FÜHLST DU? WAS FÜHLE ICH?

Kinder-Gefühle gemeinsam erkunden und verstehen

mvgverlag

Bibliografische Information der Deutschen Nationalbibliothek
Die Deutsche Nationalbibliothek verzeichnet diese Publikation
in der Deutschen Nationalbibliografie.
Detaillierte bibliografische Daten sind im Internet über http://d-nb.de abrufbar.

Für Fragen und Anregungen
info@mvg-verlag.de

Originalausgabe
1. Auflage 2021

Türkenstraße 89
80799 München
Tel.: 089 651285-0
Fax: 089 652096

Redaktion: Iris Rinser
Umschlaggestaltung: Sonja Vallant
Umschlagabbildungen: shutterstock/miimagephotography,
lulian Valentin, PR Image Factory, riggleton
Abbildungen im Innenteil: Iris Blanck
Satz: Michaela Röhler, feschart print- und webdesign, Leopoldshöhe
Druck: Florjancic Tisk d.o.o., Slowenien
Printed in the EU

ISBN Print 978-3-7474-0215-3
ISBN E-Book (PDF) 978-3-96121-570-6
ISBN E-Book (EPUB, Mobi) 978-3-96121-571-3

Weitere Informationen zum Verlag finden Sie unter

www.mvg-verlag.de

Beachten Sie auch unsere weiteren Verlage unter
www.muenchner-verlagsgruppe.de

Man denkt ja immer, als erwachsener Mensch kennt man sich und seine Gefühle eigentlich ganz gut. Dann kommt ein Kind …

Für meine beiden Wunder-vollen Töchter, in Liebe, immer.

AS

INHALT

In diesem Buch wird oft das generische Maskulinum verwendet, wenn man auch mit gegenderter Schreibweise hätte arbeiten können und müssen. Selbstverständlich werden durchgängig und immerzu sämtliche Geschlechter angesprochen, dasselbe gilt für jedwede Art von Geschlechter-, Beziehungs- und Familienkonstellationen, die in diesem Buch erwähnt werden. Ich habe mich jedoch aus Gründen der einfacheren Lesbarkeit für dieses Vorgehen entschieden, es ist somit ein rein grammatikalisches Statement. Auch wenn Sie »Eltern, Mama, Papa« lesen, stehen diese Begriffe stellvertretend für jede Person, die das Buch (gemeinsam mit dem Kind) liest und für das Kind eine Bezugsperson darstellt.

WAS WILL MIR DIESES BUCH SAGEN?

> »GEFÜHLE MUSS MAN ZULASSEN!«
> »SCHEISSE, ICH IDIOT
> HAB DIE IMMER AUFGEMACHT ...«

In diesem Sinne, herzlich willkommen in diesem Buch! Schön, dass Sie sich entschlossen haben, den Anker zu lichten, um aufzubrechen. In mehrfachem Sinne, denn die Reise zu Ihren und den Gefühlen Ihres Kindes ist eine spannende, lohnenswerte und mitunter raue Fahrt, bei der Sie sich auch selbst öffnen und gerade deshalb gemeinsam neue Ufer erreichen werden. Das wohlbekannte »Wann sind wir endlich da?« werden Sie sich diesmal selbst stellen, oder vielleicht ist genau diese Frage auch der Grund, warum Sie sich das Buch gekauft haben.

Wann ist man denn eigentlich mal irgendwie irgendwo angekommen, wann läuft es denn endlich mal ein bisschen rund oder wenigstens so wie bei Mustermanns? Um es gleich vorwegzunehmen, die Antwort lautet: NIE. NEVER. Das liegt in der Natur des Themas, Sie haben es schon geahnt. Gefühle begleiten uns unser ganzes Leben und es besteht nicht die Aussicht, dass wir sie jemals komplett beherrschen. Gefühle begleiten uns unser ganzes Leben, und wir können sicher sein, dass wir sie nie ganz im Griff haben. Aber einen Lichtblick gibt es immerhin: Die Palette der menschlichen Gefühle wird sich so schnell nicht ändern. In allzu naher Zeit wird man nicht damit rechnen können, dass ein völlig neues Gefühl hinzukommt oder ein bekanntes mutiert. Wir haben es also mit einer überschaubaren Anzahl von Basisemotionen oder Grundgefühlen zu tun, auch wenn diese selbstverständlich diverse Kooperationen miteinander eingehen und tausende unterschiedliche Stimmungslagen produzieren …

Und trotzdem fühlen wir uns den Gefühlen oft ausgeliefert oder wissen nicht, wie wir mit ihnen umgehen sollen. Die meisten Menschen setzen sich in ihr Auto und wissen nichts weiter darüber als die Farbe, die Marke und wie man es bedient. Der Führerschein befähigt sie, ein Kraftfahrzeug zu führen, nicht mehr und nicht weniger. Wohin sie fahren, was sie auf dem Weg erleben, wen sie mitnehmen, welche Musik sie hören, welche Gespräche sie führen, welche Erlebnisse sie im und mit dem Auto haben, das bestimmen sie ganz allein. Mit den Gefühlen ist es ähnlich, deshalb möchte dieses Buch eine Art Führerschein sein, der Ihnen ein wenig Rüstzeug an die Hand gibt, um zu verstehen, wie das alles funktioniert mit diesen ganzen Emotionen. Ich möchte Sie dabei unterstützen, Ihre und die Gefühle Ihres Kindes ein wenig besser zu verstehen. Die Selbstverständlichkeit, die Selbstsicherheit und die nötige Gelassenheit, auf Emotionen passend zu reagieren, kommt – wie beim Autofahren auch – langsam, mit der Zeit, wenn Sie geübter sind, sicherer. Doch im Gegensatz zur Fahrerlaubnis kommt es hierbei nicht darauf an, sich für irgendetwas zu qualifizieren. Sie können ein Naturtalent sein oder ein ewiger Anfänger, ein Lernender oder ein Suchender: Das Ziel ist, sich auf den Weg zu machen, und jeder Schritt wird Sie und alle Beteiligten weiterbringen, einfach nur deswegen, weil Sie *aufgebrochen* sind.

Es gibt viele Gründe, weshalb Sie sich das Buch gekauft haben: weil Sie einfach neugierig sind, weil Sie schon immer gerne Bücher zu diesem Thema gelesen haben, weil die Titelbildkinder Ihr Herz im Sturm eroberten oder Sie sich einfach den Ruck gaben, endlich diese Gefühlssache mal abzuhaken. Sie lesen überall, wie wichtig es ist, seine Gefühle zu kennen, zu äußern und zu verarbeiten, sich also mit ihnen auseinanderzusetzen, weil sonst allerlei psychisches und physisches Ungemach droht. Ihre Haltung zu sich und Ihren Gefühlen haben Sie bis jetzt ganz gut austariert. Doch die Emotionen eines Kindes zu verstehen, ist eine ganz andere Hausnummer und möglicherweise kniffliger als erwartet. Mit dieser Erkenntnis stehen Sie nicht allein, und ich glaube, dass jeder Mensch, der intensiv mit Kindern zu tun hat, bereits mehrfach vor der Herausforderung gestanden ist, das Gefühlschaos eines Kindes zu durchschauen und angemessen darauf zu reagieren. Es gibt da diesen »Aha, das sagen sie einem also nicht übers Elternsein«-Moment im Leben von jeder Bezugsperson. Hinzu kommt, dass wir, wenn wir Eltern werden, noch einmal viel tiefere und extremere Emotionen am eigenen Leib erfahren: lähmende Langeweile, tiefste Erschöpfung, Wut, Angst, Sorge, Hilflosigkeit und vor allem überschäumende Liebe.

Die Haltung und Tonart, die ich in diesem Buch einnehme, ist die der mitfühlenden Gelassenheit. Wenn es im Schriftbild nicht so komisch aussähe, würde ich reichhaltig Zwinkersmileys verteilen. Diese Lesart bedeutet jedoch nicht, dass Sie und Ihr Anliegen nicht ernst genommen werden, im Gegenteil, ich möchte Ihnen meine Bewunderung und meinen Respekt vor dem, was Sie leisten, ausdrücken. Und falls Sie erhobene Zeigefinger finden, sehen Sie's mir nach, ich hab's dann einfach nicht hingekriegt, es anders zu formulieren oder ermahne mich damit selbst, gelassen, grundentspannt und zuversichtlich zu bleiben: Sie kennen das, Homeoffice unter Pandemie-Bedingungen mit Kindern im Haus … durchaus sportlich!

Was mögen Sie sich also von einem Buch erwarten, in dem es um Gefühle geht, und zwar nicht nur im allgemeinen, medizinisch-psychologischen Sinne, sondern um Ihre und die Ihres Kindes plus die Schnittmenge von beiden?

Viel, schon klar. Im Sinne von: viele Informationen, viele Vorschläge, viele Anregungen. Die werden Sie kriegen, versprochen!

Was dieses Buch aber nicht kann, ist, Probleme nach dem Kopfschmerztabletten-Prinzip zu lösen: zwei einnehmen, und es geht wieder einigermaßen. Mühsamerweise flutscht es im Gefühlssektor nämlich nur, wenn man aktiv mithilft, auch wenn es zuweilen unangenehm wird. Es ist völlig klar, dass nicht jede Überlegung und Anregung genau auf Sie und Ihre Situation zutrifft, vieles verändert sich so rasch, dass Sie gar nicht hinterherkommen, manches »wächst sich aus«, wie man so schön (und tatsächlich oft richtigerweise) sagt, oder der Fokus verschiebt sich. Das heißt, ziehen Sie für sich und Ihren kleinen Schatz heraus, was Ihnen beiden guttut, und genieren Sie sich weder für Ihre noch für die Gefühle Ihres Kindes; nicht beim Lesen, nicht beim Besprechen und noch weniger beim realen Erleben. Und wenn Sie doch einmal alles irgendwie peinlich finden, dann denken Sie daran, dass es allen anderen Eltern genauso geht – auch wenn es von außen oft nicht danach aussehen mag!

Die Idee hinter dem Buchaufbau ist folgende: Jedes Gefühl wird nach demselben Schema bearbeitet. Zunächst wird erklärt, was es damit überhaupt auf sich hat, es werden Definitionen aufgestellt, die meistens sogleich wieder verworfen werden; dann wird so gut es geht beschrieben, was das entsprechende Gefühl mit uns Erwachsenen veranstaltet und vor allem, warum.

Im zweiten Teil wird das Gefühl abermals durchleuchtet, diesmal jedoch auf Ihr Kind und seinen kindlichen Erlebnishorizont bezogen. Hier finden Sie auch Tipps, Anregungen, Spiel- und Bastelideen, die Ihnen einen kindgerechten Zugang zu der entsprechenden Emotion ermöglichen.

Im dritten Abschnitt des jeweiligen Kapitels kommt meine liebe Kollegin Frau Prof. Schlau-Meier, ein Tintenfisch, zu Wort. Sie ist eine hervorragende Kinderkennerin, Mutter und Großmutter und kennt sich mit Gefühlen bestens aus. Von ihr wird es in fast jedem

Kapitel eine Geschichte geben. Als Psychologin und Kinderbuchautorin weiß ich, wie wichtig Geschichten und die Gespräche zwischen Eltern und Kindern sind. Fast magisch, was dabei manchmal passiert.

Die Figur des Tintenfisches habe ich gewählt, weil Tintenfische als sehr intelligente Tiere gelten, weshalb Frau Professor Schlau-Meier auch so gut erklären kann. Gleichzeitig hat sie viele Arme, in die sich Ihr Kind symbolisch hineinkuscheln darf, wenn sie ihre Gefühle-Geschichte erzählt. In jeder dieser Geschichten erlebt eine Identifikationsfigur das beschriebene Gefühl in seinen verschiedenen Facetten. Gemeinsam dürfen Sie nach dem Lesen die zahlreichen Fragen beantworten, die Frau Prof. Schlau-Meier eingefallen sind, damit sich alle über das Gehörte und die eigenen Erfahrungen austauschen können. Die Anleitungen und Anregungen von Frau Prof. Schlau-Meier sollen die Zuhörer, große und kleine, ins Gespräch über das entsprechende Gefühl bringen. Auch sorgen sie dafür, dass jeder zu Wort kommen darf und gehört wird, dass man sich und einander besser kennen lernt und zusammen eine intensive Zeit verbringt.

Pate hierfür steht der Grundgedanke der Systemischen Therapie. Dieser Ansatz richtet den Blick auf das gesamte System (im Sinne von Familie oder einem anderen sozialen Umfeld, wie Kita oder Schule) und nicht nur auf die Einzelperson. Es wird versucht, bestimmte Verhaltensweisen als sinnhaft im Gesamtkontext zu verstehen. Gefragt wird also nicht nach dem *Warum?*, sondern *weshalb* und *wozu* ein Verhalten gezeigt wurde. Systemisch zu denken bedeutet auch, die Familie in ihren Wechselwirkungen zu verstehen: Jede Handlung des Einzelnen hat Auswirkungen auf die ihn umgebenden Interaktionspartner, man spricht deshalb von »Zirkularität«. Systemorientierte Gespräche haben das Ziel, einen lösungsorientierten Prozess in Gang zu bringen, dabei helfen spezielle systemische Fragen.

Es handelt sich hierbei um unterschiedliche Fragetypen, die durch ihre Beantwortung neue Perspektiven öffnen, Reflexionsprozesse auslösen und Denkanstöße geben – und zwar nicht nur beim Befragten, sondern auch bei allen anderen Beteiligten. Systemische Fragen signalisieren Interesse, regen Gedanken und Fantasie an, helfen beim Verständnis und lehren das Zuhören. Sie sind nicht immer einfach zu beantworten, manche Therapeuten sagen sogar, je länger man für die Antwort braucht, desto besser war die Frage. Frau Prof. Schlau-Meier hat ihre Fragen bunt gemischt, es finden sich einfache und schwierige, systemische und normale, lustige und ernste darunter. Nehmen Sie die Fragen wörtlich oder passen Sie sie Ihren Bedürfnissen an, ganz wie Sie mögen. Wichtig ist nur, dass Sie zulassen, dass diese Fragen gestellt und beantwortet werden dürfen – behutsam, im geschützten Kreis, wertschätzend, jeder auf seine Art.

Auch die Geschichten können Sie nach Herzenslust variieren: dem Hörverständnis Ihrer Kinder anpassen; die Protagonisten ändern oder ihnen die Namen Ihrer Kinder geben; den Inhalt altersgemäß abändern; eigene, aktuelle Erlebnisse mit einarbeiten. Improvisieren Sie einfach – die Erzählung dient als Aufhänger, ist sozusagen das Lagerfeuer, um das Sie sich als Familie versammeln, um über ein bestimmtes Gefühl zu sprechen. Sie kennen Ihr Kind gut genug, um einschätzen zu können, was es schon versteht, worauf es anspringt und was ihm in dieser und jener Situation guttut. Nehmen Sie sowohl die Geschichten als auch die Tipps einfach als grobes Grundgerüst, schmücken Sie manche aus oder specken Sie einige ab, so, wie es Ihren Bedürfnissen entspricht.

Auch für den passenden Zeitpunkt solcher Gespräche haben Sie selbst das beste Gespür – doch dadurch, dass das Kind die Seiten mitgestalten, bemalen, bekleben und nach Herzenslust dekorieren darf, kann es sogar sein, dass Ihr Kind von alleine neugierig darauf wird, gemeinsam mit der Familie ein weiteres Gefühl zu entdecken.

Je nachdem, wie alt es ist, wächst es ins Buch hinein oder aus dem Buch hinaus, manchmal passen Tipps nur für das eine, nicht aber für das andere Kind, manchmal nutzen plötzlich wieder welche, bei denen man zuvor noch den Kopf geschüttelt hat oder andersherum. Ob Sie das Buch in einem Rutsch durchlesen oder sich Stück für Stück vorarbeiten – nehmen Sie sich alle Freiheiten, Sie können nichts falsch machen! Die Saat haben Sie mit dem Kauf gesät, zu keimen beginnt sie beim Lesen so oder so.

Gefühle also.
Über sie weiß man das eine oder andere – beziehungsweise glaubt es zu wissen. Fragen Sie sich jetzt, welchen Sinn es hat, sich über den Sinn und Zweck Ihrer Gefühle klarzuwerden? Schließlich spult der Körper sie auch ab, wenn man gar nichts darüber weiß. Wenn man nicht vom Fach ist, kann man sich ja auch nicht ganz genau erklären, wie es sein kann, dass man beim Schlafen das Atmen nicht vergisst, aber solange man morgens wieder aufwacht, ist ja alles okay.

Doch wie Sie festgestellt haben, wird Ihr Leben immer verrückter, je länger Ihre Elternschaft dauert. Dreitausend Gramm neues Leben zum ersten Mal im Arm zu halten, hat vermutlich schon einen Sturm der Emotionen bei Ihnen ausgelöst, doch wie sich herausstellte, war dies nur die Spitze des Eisbergs. Möglicherweise stimmen Sie mir gerne zu, dass es kaum Zeiten in Ihrem Leben gegeben hat, in denen Sie sich so dermaßen erwachsen und gleichzeitig so fürchterlich unsicher und überfordert gefühlt haben wie in Ihrer Funktion als Erziehungsberechtigter. Elternsein ist schlicht nichts für Feiglinge, da machen wir uns mal nichts vor. Und zu all den körperlichen und mentalen Entwicklungsaufgaben, die der Nachwuchs zu bewältigen hat, kommen dann auch noch die verflixten Gefühle dazu. Prompt und quasi aus heiterem Himmel bekommt eine bis dahin mehr oder weniger große Selbstverständlichkeit eine ganz andere Bedeutung und Wichtigkeit, weil natürlich ALLES, was Ihr Kind von sich gibt, Bedeutung und Wichtigkeit hat (auch das hundertste Bild eines Kopffüßlers mit Vier-Finger-Händen).

Und hier sind wir auch schon beim Grund für dieses bunte Mitmachbuch für Familien: Wir haben nämlich selbst mitunter unsere liebe Not mit dem adäquaten Verhalten in Gefühlsdingen. Was also soll dann erst ein Kind sagen?

Überschäumende Freude, grimmiger Ärger, herzquetschende Angst, unbedingte, uneingeschränkte Liebe – und das alles innerhalb einer Stunde, sowas kann bei Kindern schon mal vorkommen. Gefühlswirrwarr und emotionale Ausnahmezustände; heftige Wutanfälle und fieser Neid; da hilft nur eines: Wir müssen reden, kleiner Liebling! Und zwar aneinandergekuschelt, auf Augenhöhe, liebevoll, verständlich und zugewandt. Drüber reden ist wie die legendäre Schiffsplanke, die einen zumindest über Wasser hält, bis man das sichere Ufer erreicht hat.

Doch warum ist die Beschäftigung mit Emotionen überhaupt so wichtig, schließlich geschehen sie einfach so, der Körper wird's schon wissen und Generationen von Kindern sind ohne solcherlei Gewese um Gefühlsgedöns aufgewachsen.

Aber nicht doch …

Wenn Sie sich das nächste Mal einen Kaffee brühen, widmen Sie zur Abwechslung einmal nicht den Bohnen, der Maschine, dem Duft oder der Crema einen vorfreudigen Gedanken, sondern dem armen, kleinen, aber völlig unterschätzten Filter. Er sorgt dafür, dass aus Ihrem Pulver-Wasser-Gemisch keine bröselige Brühe wird, mehr Brei als Getränk, sondern die köstliche Spezialität, die Sie so genießen.

Mit den Empfindungen Ihres Kindes verhält es sich ähnlich. Sie strömen gänzlich ungefiltert ein, es gibt kein Netz, kein Sieb und auch keine Klärung. Das Kind hat, altersabhängig, noch kein hinreichendes Handlungs- oder Sortierschema für Gefühle gebildet, es kann nicht auf jahrelange Erfahrungen, erprobte Strategien oder Ablenkungsmanöver zurückgreifen. Ganz simpel gesprochen: Es muss Gefühle erst mal lernen. Dazu gehört, zu erkennen, um welches Gefühl es sich überhaupt in welcher Situation handelt. Erst danach kommt der Schritt, mit den Gefühlen umzugehen. Gleichzeitig steht man als Eltern ebenfalls vor einer völlig neuen Entwicklungsaufgabe, denn auch für Sie stellt es eine Herausforderung dar, mit den Gefühlen Ihres Kindes zurechtzukommen. Und das ist, gelinde gesagt, leichter gesagt als getan, erscheinen sie uns doch manchmal völlig unverständlich, total übertrieben oder gar unnötig dramatisch.

Der Grund liegt darin, dass ein Kind aufgrund seines kognitiven Entwicklungsstands nicht wissen oder hinlänglich begreifen kann, dass die Welt morgen schon ganz anders aussieht – wie Erwachsene das gerne so sagen. Kinder befinden sich emotional im Hier und Jetzt, sie agieren gegenwartsbezogen, haben beispielsweise lange nur wenig Verständnis von dem Konstrukt »morgen, bald, nachher«.

Dieses Buch bringt Sie mit Ihrem Kind in einen Dialog, der durch Geschichten und Fragen angestoßen und gefördert wird. Ganz besonders möchte ich Sie darin bestärken, Gefühle anzuerkennen und auszuhalten, sie nicht kleinzureden oder wegzuwischen. Ist die Furcht vor dem Schrankgeist nicht viel schneller verschwunden, wenn man mitteilt: »Ich verstehe, dass du Angst hast«, als mühsam zu versuchen, nachts um drei eine gerichtstaugliche Beweisaufnahme bezüglich des vermuteten Gespensterbefalls des Kleiderschranks abzuliefern?

Und übrigens: Beweise? Pah! Was heißt schon: »Guck, hier ist nix, da drin ist kein Gespenst!« Googeln Sie mal »Spukhäuser« und wir reden nach Ihrer Übernachtung dort weiter …

Aber klar, es sind naturgemäß vor allem die »negativen« (im Sinne von unlustigen) Gefühle wie Angst oder Wut, mit denen wir es nicht so gerne zu tun haben. Denn meist gehen damit äußerst strapazierende Situationen einher, die es einem nicht immer leicht machen, die richtigen Worte zu finden, um drohende Eskalationen mit Kreativität oder gelassenem Verständnis auszuhebeln.

Zum Glück gibt es aber auch die völlig unkomplizierten, »positiven« Gefühle, Ihre Fotoalben und Speicherkarten zeugen davon. Sie sind pickepackevoll mit fröhlichen Kinderbildern. Schade eigentlich, irgendwann würden Sie mit Ihrem Kind über ein Foto mit der Überschrift »Mein erster Wutanfall« garantiert so richtig lachen können. Oder denken Sie mal weiter: Wenn Sie irgendwann mal Großeltern sind, hätten Sie auf jeden Fall einen Trumpf in der Tasche, wenn sich das erwachsen gewordene Kind über so manchen Tobsuchtsanfall des Enkels beschwert: »Guck mal, so sahst du damals aus, als du stinksauer warst! Du musst etwa im selben Alter gewesen sein wie die Kleine jetzt …« (Mischung aus leicht schadenfroh-amüsiert-mitleidig-triumphierend-erleichtertem Grinsen.)

Mich erstaunt es immer wieder zu hören, dass viele Eltern ihren Kindern nicht mehr zugestehen, auch »negative« Gefühle zu äußern. Viel zu anstrengend das Ganze, zu unkuschelig, können die Kinder nicht einfach nur ganz »normal« sein? Sie haben doch alles: Spielzeug, Entscheidungsfreiheit, Mitspracherecht … Doch auch unangenehme Gefühle sind normal und wichtig. Ein Ausbremsen oder allzu häufige Beschwichtigungen, die dem Kind zeigen, dass es nicht ernst genommen wird, beziehungsweise nur ernst genommen wird, wenn es brav, angepasst und fröhlich ist, führen ruck, zuck zu einem ganz und gar ungewollten, hartnäckig beständigen Lerneffekt: Scheußliche Gefühle, die mir weh tun, lehnen Mama und Papa ab. Wenn ich sie trotzdem habe, darf ich sie bloß nicht zeigen, sonst sind sie enttäuscht von mir. Und sauer. Und ärgerlich. Und genervt.

In der Folge wird das Kind verschlossen, schweigsam, ängstlich oder abweisend reagieren, wenn es sich in einer »verbotenen« Stimmung befindet. Das dürfte den Eltern dann aber auch nicht recht sein, weil es nichts Unbefriedigenderes gibt, als wenn man an sein Kind nicht mehr herankommt.

Sie merken schon, es wird immer verwirrender – noch dazu, da man als Eltern die Tendenz hat, Gefühle des Kindes als Reaktion auf den eigenen Erziehungsstil misszuverstehen. Wer kennt sie nicht, diese herzquetschenden, mutlosen Versagensgedanken, wenn das Kind vor Kummer geschüttelt wird und man mit dem Niemand-kann-mich-trösten-schon-gar-nicht-DU!-Blick angestarrt wird. Dabei hat das eine im Normalfall mit dem anderen nicht das Geringste zu tun.

So banal die folgende Erkenntnis auch klingen mag, so wegweisend ist sie doch in Bezug auf Erziehung: Kinder entwickeln eine signifikant höhere emotionale Intelligenz, je besser sie Gefühle wahrnehmen und äußern können.

Das klingt machbar, denken Sie erleichtert? Hurra, genau das ist die richtige Einstellung!

Je mehr Ihr Kind erfährt, dass seine Gefühlsäußerungen wahr- und ernst genommen werden, desto besser lernt es, sich selbst zu verstehen, seine Stimmungen und Bedürfnisse zu äußern. So schließt sich ein lebenswichtiger Kreis, denn diese Fähigkeit ist wiederum eine unabdingbare Voraussetzung dafür, sich in andere hineinversetzen zu können, um Empathie und Sozialkompetenz zu entwickeln.

Doch wenn Gefühle der Kompass sind, die uns durchs Leben steuern, wer ist dann der Anker dieses noch kleinen, unerfahrenen

Bootes, das da auf dem stürmischen Meer der unklaren Gefühlswetterlagen unterwegs ist?

Das sind Sie. Durch die sogenannte Affektverstärkung, also die Orientierung des Kindes an der Mimik der Eltern, um herauszufinden, wie es sich in bestimmten Situationen verhalten soll, geben Sie ihm Halt und Schutz. Lesen Sie das Buch mit dem Wissen um Ihre persönliche Situation, Ihren persönlichen Fragen und Anliegen. Kneten Sie es sich zurecht und formen Sie daraus Ihren ganz eigenen, gemeinsam gestalteten Gefühle-Schatz – der, den Ihre Familie ausmacht, der, den Ihre Kinder mit ins Leben nehmen und weitergeben. Es ist eine Gelegenheit, Ihrem Kind auf neutralem Terrain zu begegnen und in die Welt der Gefühle einzutauchen. Nutzen Sie es zum Quatschen, Lesen, Schreiben, Kritzeln und noch für vieles mehr – für eine vertrauensvolle Bindung und sichere, gefühlsstarke Kinder.

Ich wünsche Ihnen, dass Sie sich und Ihr Kind durch dieses Mitmachbuch ein Stückchen besser kennen lernen.

WAS SIND GEFÜHLE, WOFÜR BRAUCHE ICH SIE, UND WENN JA, WIE VIELE?

Sie haben sich also vorgenommen, mit Ihrem Kind über Gefühle zu reden. Respekt.

Denn auch, wenn man überall darüber liest, ob in einer Broschüre bei der Kinderärztin, in Eltern-Zeitschriften oder online, so hat man doch vielleicht eine Hemmschwelle, das Thema Emotionen anzugehen. Viele vertrauen in dieser Sache auf die Kita, die Grundschule oder den Kindergarten. Dort gestalten die Kids liebevolle Collagen, denken sich Rollenspiele aus, bekommen entsprechende Bilderbücher vorgelesen und vieles mehr. Wenn Sie Glück haben, natürlich nur. Gut, wunderbar, dann hat man schon mehr Zeit für die Wäsche, die Spülmaschine, zum Einkaufen … aber Moment mal … ist es wirklich so mühsam, mit seinem Kind über Gefühle zu reden? Man redet doch auch übers Aa-Machen, Popel, Wackelpudding, Regenwürmer und Muskelkater. Man redet über einfach alles, aber ausgerechnet über Gefühle? Vielleicht tut man sich schwer, weil man sich komisch dabei vorkommt, denn dieses Thema betrifft nun mal auch immer einen selbst. Jedes der oben genannten, wahllosen Beispiele irgendwie auch, aber na ja … hach, keine Ahnung … Richtig?

Aber keine Sorge, man gewöhnt sich sogar recht schnell daran, bezüglich seiner Gefühle Klartext zu reden.

Fangen wir trotzdem ganz niederschwellig mit einer kleinen Definition an:

In fast allen Bereichen der Psychologie sind es die Definitionen, die Ärger machen, in der Emotionspsychologie scheinen sie jedoch besonders widerspenstig zu sein. Denn eine eindeutige, interdisziplinär akzeptierte und allgemeingültige Definition von Emotionen scheint kaum auffindbar. Deshalb kommt hier einfach eine entschlackte Begriffsbestimmung:

Emotionen, von lat. emotio = heftige Bewegung, sind komplexe Bewertungssysteme, die uns Situationen automatisch einschätzen lassen, um adäquat reagieren zu können.

Gefühle sind dabei nur der Teil einer Emotion, den wir bewusst wahrnehmen können, also wortgemäß »fühlen«. Ein Beispiel: Die Emotion Angst zeigt sich darin, dass wir uns nicht sonderlich gut fühlen, und das wiederum führt zu körperlichen Reaktionen wie Herzrasen, Schweißausbruch, Zittern. Wir erkennen: Aha, so fühlt sich Angst an. Der Anlass könnte z. B. eine Prüfung sein, unsere Angst zeigt sich im Emotionsausdruck, etwa wenn wir blass und furchtsam aussehen.

Gefühle als subjektiver Teil einer Emotion sind also vergleichbar mit dem Ende der Fahnenstange. Sie entstehen durch die Interpretation von Ereignissen und Eindrücken durch unser Gehirn. Die grundlegenden Emotionen hingegen haben ihren Ursprung in der Reaktion unseres Nervensystems auf diese eingehenden Empfindungssignale.

Emotionen fungieren als Alarm- und Überlebenssystem, und sobald wir verstanden haben, WARUM wir die ein oder andere Emotion durchgemacht haben, reden wir von Gefühlen. Um ein Gefühl zu haben, muss man also über das, was geschehen ist, nachdenken, die Emotion bewerten und reflektieren. Und sowas kann dauern und je nach Persönlichkeitstyp sehr unterschiedlich vonstattengehen.

Erschwerend kommt hinzu, dass sich ein und dasselbe Gefühl auch verändern und unterschiedlich intensiv empfunden werden kann: Manchmal verschwindet es schnell wieder, manchmal begleitet es uns für lange Zeit, im Guten wie im Schlechten – was es nicht gerade unkomplizierter macht. Aber es hilft alles nichts, Emotionen sind, wie sie sind, und wirken sich bestimmend auf unser Leben aus. Sie motivieren unser Handeln, beeinflussen unser Denken und unsere Wahrnehmung, steuern den Gefühlsausdruck und regulieren unsere sozialen Interaktionen. Da ist es doch besser, wir wissen ganz genau, mit was wir es zu tun haben!

Insgesamt bestehen Emotionen aus mehreren Komponenten. Die kognitive Komponente fokussiert unsere Aufmerksamkeit und beeinflusst unser Denkvermögen, da sich Emotionen immer auf »etwas« beziehen. Und dieses Etwas muss eine Bedeutung für uns haben, sonst kommt es zu keinerlei relevanter emotionaler Beteiligung. Emotionen dienen weiterhin der Kommunikation: Was wir fühlen, spiegelt sich in unserer Gestik, der Mimik und der Stimmlage wider. Auch unser Körper reagiert und leitet umfassende physiologische Anpassungsmechanismen ein.

Emotionen sind also die Informationsvermittler unserer Bedürfnisse. Schweigt man sich jedoch ständig über seine Gefühle aus, hat das Gegenüber keine Chance, entsprechend unserer Signale und Bedürfnisse zu handeln – was sich wiederum für beide Seiten ziemlich unbefriedigend anfühlt. Die motivationale Komponente bestimmt darüber, ob das zu erwartende Befinden erwünscht oder unerwünscht ist: Ekelt man sich vor der handtellergroßen, schwarzen, behaarten Kellerspinne, rennt man, allermindestens innerlich, kreischend aus dem Raum. Abgesehen davon nutzen wir unsere Emotionen natürlich auch dazu, uns selbst besser kennen zu lernen, was uns bestenfalls im nächsten Schritt dazu bringen sollte, unser Verhalten und Denken zu reflektieren und gegebenenfalls zu justieren.

Klingt alles ziemlich anstrengend, zumindest wenn wir über negative Gefühle sprechen, denn die positiven Gefühle sind ja für sich genommen schon über alle Zweifel erhaben. Eine einfache, sehr grobe Gleichung mag da zunächst helfen: Negative Gefühle sind gleich unbefriedigte Bedürfnisse, um die man sich kümmern muss: Grenzen setzen, sich fordern, Konflikte klären, für sich sorgen … ächz! Oder noch schlichter: Man muss sie ZU-lassen, damit sie einen VER-lassen.

Angst ist übrigens die am intensivsten erforschte Emotion, demnach auch jene, über die wir am meisten wissen. Forscher konnten (vor allem aus Tierversuchen) bislang eine recht gute Kenntnis über die Beteiligung der Hirnareale und neurobiologischer Zusammenhänge bei der Emotion Angst erlangen.

Emotionen sind angeboren und genetisch vorbestimmt, die Wissenschaft spricht von Basisemotionen. Die Anzahl dieser Basisemotionen unterscheidet sich innerhalb der verschiedenen Ansätze, ich selbst arbeite mit acht. Diese acht werde ich auch im Buch thematisieren, aber natürlich gibt es eine schier unendliche Zahl an daraus resultierenden Gefühlen. Im Folgenden werden die Begriffe, weil dies unserem Sprachgebrauch entspricht, synonym verwendet.

Ohne den Autopiloten namens »Emotion« ist das Leben als Mensch kaum vorstellbar. Zum einen würde dadurch ein entscheidender Baustein unserer Persönlichkeit verloren gehen. Zum anderen gelten Emotionen als (über-)lebenswichtige Bewertungssysteme, die jeden Tag erweitert und verfeinert werden. Alles, was wir erleben, wirkt auf dieses System zurück. Unser Gehirn verknüpft die gerade gemachte, spezielle Erfahrung mit dem entsprechenden Gefühl, welches wir dabei empfanden. Aus diesem Grund prägen uns gerade die starken emotionalen Erlebnisse so nachhaltig. Sie graben sich tief ins Gedächtnis ein und machen einen wichtigen Teil unserer Identität aus.

Emotionen sorgen für Blitzreaktionen, bei einem Hupen springen wir erschrocken zur Seite, noch bevor wir überhaupt nachgedacht haben. Sie motivieren uns zu Leistung, Veränderungen,

Handlungen usw. und lassen uns in sozialen Interaktionen nonverbale Signale verstehen und einschätzen. Fällt dieses Bewertungssystem, den emotionalen Ausdruck seiner Mitmenschen deuten zu können, aus (beispielsweise bei Menschen mit einer autistischen Störung), führt das in der Folge zu einer Vielzahl von schwerwiegenden psychosozialen Beeinträchtigungen. Depressionen, Angststörungen, posttraumatische Belastungsstörungen und eine Vielzahl von weiteren psychischen Erkrankungen können auch, sehr vereinfacht ausgedrückt, aus einem dysfunktionalen emotionalen Erleben resultieren.

Das Zusammenspiel und die fein kalibrierte Balance zwischen Emotionen, Gedanken und körperlichem Ausdruck lässt sich gut im Labor messen und nachvollziehen: Es sind die immer gleichen acht von sechsundzwanzig Gesichtsmuskeln, die bei entsprechender Emotion völlig unwillkürlich unsere Mimik bilden und somit auch für unsere Lachfältchen, Krähenfüße, Nasenrümpfer und Zornesfalten verantwortlich sind. Emotionen durchziehen unser gesamtes Verhalten, und keiner kann ihnen entkommen. Sie stehen in Wechselwirkung mit einfach allem: Gesundheit, Beziehungen, Entscheidungen, Körper, Psyche, Umwelt, Kühlschrankinhalt … Der Mensch mit all seinem Kram lässt sich ohne seine Emotionen nicht erklären und nicht begreifen. Mit ihnen auch nicht immer unbedingt, so jemanden kennt jeder, aber Sie wissen, wie es gemeint ist.

Doch Moment mal, wie redet man mit Kindern eigentlich über Gefühle?

»Du, wir müssen mal über deine Gefühle reden …« So?

Na ja, weshalb eigentlich nicht?

Doch bevor es so weit ist, muss das Kind ja erst mal reden KÖNNEN. Solange es das noch nicht kann, äußert es seine Gefühle über Gestik, Mimik, Motorik und Laute. Sehr laute Laute zuweilen, schon klar. Allgemein als sinnvoll empfohlen wird, die Gefühle des Kindes deshalb zunächst einfach zu benennen. Man sagt ihm ja schließlich auch: »Da ist der Ball, nimm die Puppe!« usw. So kann das Kleinkind die Emotionen spielerisch kennen lernen und ganz nebenbei in seinen täglich wachsenden Wortschatz aufnehmen. Experten stellen fest, dass das sogar schon im Babyalter funktioniert, auch wenn der Säugling logischerweise noch gar nicht versteht, was gesprochen wird: »Da freust du dich, mein Spatz, ja, da freust du dich!« Oder: »Ui, hast du dich erschrocken, oh, oh, da hast du jetzt Angst gehabt!« Das reinste Spiegelneuronen-Training! Je besser Sie also diese Gefühlszustände schon bei Ihrem Baby ansprechen und spiegeln (in Maßen, nur keinen Stress!), desto besser entwickelt sich auch die Eltern-Kind-Bindung. Und die ist ja bekanntlich ein WESENTLICHER Schutzfaktor gegen so gut wie alles.

Was man sich vielleicht auch hin und wieder mal ins Gedächtnis rufen kann, ist die Tatsache, dass Babys nicht als leere Festplatte zur Welt kommen, die Sie unbegrenzt beschreiben können. Die Gene haben nämlich schon fast die Hälfte davon besetzt, Ihr Kind hat somit per se eine kleine Persönlichkeit und wird zusätzlich auch noch durch die vorgeburtliche Lebenszeit mitgeprägt: Ihr Baby ist mit einer Art Werkseinstellung der Gefühlslage ausgestattet, für die es keine Reset-Funktion gibt. Je genauer es also weiß, was Wut, Freude, Überraschung usw. bedeuten, desto besser kann es diese Emotionen auch bei anderen erkennen und antizipieren. Das kindliche Gehirn baut in der Folge aus abstrakten Begriffen eine Art Gefühlslexikon, ein breites, sich ständig erweiterndes Nachschlagewerk. Später, beim Sprechen über Gefühle, wird Ihrer Tochter oder Ihrem Sohn dann klar, dass zu jedem Gefühl wohl auch ein Auslöser zu gehören scheint. Eine unglaubliche Reflexionsleistung, finde ich.

Deshalb ist es auch wichtig, dass Sie versuchen, Ihrem Kind seine Gefühle nicht abzunehmen, glattzubügeln oder auszureden.

Das wäre nämlich in etwa so, als wollten Sie verhindern, dass das Kind Schwimmen, Fahrradfahren oder Lesen lernt. Gefühle auszuhalten und zu erkennen gehört zu den grundlegenden Kompetenzen des Menschen – egal, ob es angenehme oder weniger schöne Gefühle sind.

Letztlich, so sind sich die Experten einig, ist es jedoch das emotionale Klima in der Familie, das darüber bestimmt, wie Kinder später mit ihren Gefühlen umgehen. Ja, das schreibt und liest sich leicht, aber alle Eltern werden mir zustimmen, dass das eine riesengroße Verantwortung ist! Was aber wiederum auch nicht bedeutet, dass wir den ganzen Tag nichts anderes mehr tun sollten, als unsere Gefühle zu analysieren. »Wie fühlst du dich gerade/was geht in dir vor/wie würdest du deine Empfindungen beschreiben?«, das würde die gute Absicht schnell ins Gegenteil verkehren und Ihr Nachwuchs würde mit den Augen rollen. Sie sähen sich tatsächlich noch gezwungen, anzumerken, er solle damit aufhören, »weil das sonst so stehenbleiben könne« (obwohl Sie sich geschworen haben, das als Eltern niemals zu sagen!).

Ja, die Sache mit dem gesunden Mittelweg ist nicht einfach … Starten wir mit einem kurzen Überblick über die Bergfeste der Emotionsentwicklung. Wenn Sie die kennen, haben Sie schon einmal die Grundlage dafür, die Gefühlsentwicklung richtig zu begleiten. Denn es ist ja nicht so, dass ein Kind nachreift wie eine Banane, um irgendwann von ganz allein jenen Zustand erreicht zu haben, mit dem es als »perfekt« durchgehen würde. Die emotionale Entwicklung Ihres Kindes läuft in regelrechten Meilensteinen ab, die Sie aus vollem Herzen und stetigem Einsatz unterstützen sollten. Niemand kann Ihnen hundertprozentig sagen, ob das Kind im Mutterleib besser bei Mozart oder Bach gedeiht, aber um die stabile Basis einer emotionalen Beziehung zu seinem Kind aufzubauen, braucht es zwei Dinge: Geborgenheit und Sicherheit. Ihre Stimme,

Ihre Haltung, Ihre Erwartung, Ihr Herzschlag vereinen sich zu einer geheimnisvollen Botschaft für das Ungeborene, und sie ist der bestmögliche emotionale Proviant, den es auf seinem Weg ins und im Leben so notwendig braucht.

Und kaum ist es auf der Welt, geht es auch schon los. Innerhalb des ersten Lebensjahres lernt Ihr kleiner Schatz immer besser, seinen Gefühlen Ausdruck zu verleihen. Aus der Fähigkeit, Stress und Zufriedenheit zu empfinden, entwickeln sich die Basisemotionen, die von Säuglingen auf der ganzen Welt gleichermaßen gezeigt werden. In dieser Lebensphase reift auch ein erstes Emotionsverständnis im Sinne von: Was mache ich hier eigentlich und wofür ist es gut? Außerdem ist das Kleine immer besser in der Lage, seine eigenen Emotionen intern zu regulieren, indem es beispielsweise nach einem Schnuller greift, um sich zu beruhigen oder seiner Umwelt interaktiv zu verstehen gibt, dass es Hilfe bedarf.

Im zweiten und dritten Lebensjahr verfeinert Ihr Kind seine Fähigkeit, Gefühle bei anderen Menschen zu erkennen und mögliche Gründe dafür zu erahnen. Es begreift, dass Menschen dasselbe Gefühl unterschiedlich ausdrücken und dieselben Emotionen durch verschiedene Ereignisse ausgelöst werden können. Man kann zum Beispiel weinen, weil man sich weh getan hat, weil man Angst hat, sauer ist, sich erschreckt hat oder vor lauter Überraschung total von den Socken ist. Durch die Ausbildung eines inneren Wertesystems und einer gewissen Selbstbewusstheit beginnt das Kind die Bedeutung von kniffligeren Emotionen, wie Stolz oder Scham, zu erahnen. Diese komplexen Gefühlszustände werden es noch lange beschäftigen, bis etwa zum Schuleintritt ist diesbezüglich jede Menge Klärungsbedarf vorhanden.

Im vierten und fünften Lebensjahr wird das Emotionsvokabular immer umfangreicher, auch das Emotionsverständnis vertieft sich, soziale und emotionale Entwicklung greifen ineinander. Und genau hier möchte dieses Buch ansetzen (auch wenn Sie es schon lange vorher und noch über lange Jahre hinweg sinnvoll nutzen können!): Je intensiver Sie Ihr Kind dabei fördern, seine Gefühle zu verstehen, desto größer wird seine emotionale Kompetenz.

Im frühen Grundschulalter hat Ihr Nachwuchs ein derart facettenreiches Repertoire an Emotionsausdrücken im Gepäck, dass ihm so mancher Jugendliche etwas abschauen könnte. Außerdem sind die Kinder in der Lage, dieses auch immer geschickter strategisch einzusetzen, indem sie Emotionen vortäuschen oder verbergen. Sie machen ebenfalls enorme Fortschritte darin, die Gefühle anderer Menschen in Beziehung zu deren Erfahrungen und Lebenshintergründe zu setzen, um sich ein vollständigeres Bild von deren Emotionserleben zu machen und adäquat reagieren zu können.

Und was ist das Ziel all dieser Entwicklungsschritte?

Das Erlernen von emotionaler Kompetenz und der Erwerb von ausgeklügelten emotionsbezogenen Fertigkeiten. Wie das geht, erfahren Sie in den folgenden Kapiteln.

Dann lassen wir jetzt Frau Prof. Schlau-Meier zu Wort kommen, die ein wunderbares Gedicht vorbereitet hat und Ihrem Kind anschließend erklärt, was es damit und mit diesem Buch auf sich hat …

Die Abschnitte von Prof. Schlau-Meier können Sie selbstverständlich auch ganz allein für sich lesen, oder aber, wenn Ihr Kind schon ein gutes Vorlesealter erreicht hat, nehmen Sie Frau Prof. Schlau-Meiers Geschichten und Anregungen zum Anlass, sie gemeinsam mit dem Kind zu lesen, ganz so, als würden Sie abends zusammen in einem Bilderbuch schmökern. Lassen Sie Frau Prof. Schlau-Meier Ihr Kind ansprechen und es dabei in ihre vielen Arme nehmen – Sie wissen ja, manchmal fällt es leichter, mit seinem Kuscheltier zu sprechen … oder eben mit einem Tintenfisch.

FRAU PROF. SCHLAU-MEIERS GEFÜHLEGEDICHT

Liebe Kinder, hier kommt mein Gedicht für euch. Es geht darin um Gefühle. Ich finde, es ist total gut geworden, weil sich alles richtig doll reimt. Achtung, es geht los:

Gefühle machen manchmal Mühe,
sie sind groß und auch ganz klein.
Gefühle können weh tun,
sie gehen aus dir raus und rein.
Gefühle, die sind rosa,
schwarz oder auch mal gelb.
Die Farbe von den deinen,
die kennst du wohl nur selbst.
Gefühle sitzen ekelig,
oft in deinem Bauch.
Wie sind sie denn da hingekommen?
Das fragst du dich auch!
Gefühle machen Herzen klopfen,
bumm, bumm, bumm, ganz laut vor Angst.
Sie lassen es aber auch hopsen,
was ein Gefühl so alles kann!
Gefühle sind mal bunt, mal rund,
eckig, scheckig, stets gesund.
Alle haben sie, ob Groß, ob Klein,
denn genau so muss das sein!

Na, hat es dir gefallen?

Komm, wir lesen es gleich nochmal. Sag mal, ist dir beim Hören was aufgefallen? Ich wette, ja ... Nämlich, dass Gefühle irgendwie komisch sind. So durcheinander, stimmt's? Ein Auto ist ein Auto, egal, welche Marke oder welche Farbe, es bleibt ganz eindeutig ein Auto. Aber guck dir mal das Gefühl »Freude« an. Da lacht und jubelt man, aber manchmal muss man vor Freude auch weinen, über ein Geschenk zum Beispiel, das du dir schon lange gewünscht hast. Eigentlich solltest du jubeln und was machst du? Brichst in Tränen aus. Hast du sowas vielleicht auch schon mal erlebt? Oder: Statt zu weinen, weil du traurig bist, kann es sein, dass du stattdessen Bauchschmerzen bekommst und kein Ton aus deinem Mund kommt.

Alle Menschen auf der Welt empfinden dieselben Gefühle. Genau wie die meisten Menschen auf der Welt zum Beispiel Äpfel kennen. Aber weißt du was? Jeder einzelne empfindet beim Reinbeißen etwas anderes. Dem einen schmeckt der Apfel zu sauer, für den anderen ist er genau richtig, der dritte findet den Geschmack okay, aber irgendwie zu mehlig, und der vierte mag nur kleine grüne oder große rote und so weiter.

Deshalb ist es so wichtig, dass man sich einander mitteilt. Das heißt, wenn du sauer bist, fühlt sich das ganz anders an als bei deiner Schwester. Wenn deine Freundin eingeschnappt ist, reagiert sie anders als du. Nur wenn du weißt, wie du und andere fühlen, kann man einander verstehen. Und das ist ja wirklich voll oft die Hauptsache!

Ach so, bevor ich es vergesse und nur falls es dir niemand gesagt hat:

In dieses Buch darfst du malen, Fotos einkleben, schreiben, Seiten knicken, Zettel legen, Botschaften verstecken, zeichnen und was dir noch alles einfällt, um deine Gefühle zu beschreiben. Die Hauptsache ist nur, dass du es nie verlierst, denn wenn du selbst mal groß bist, kannst du deinen eigenen Kindern die Fotos von dir zeigen. Und dann könnt ihr vielleicht alle zusammen über dein Wutausbruch-Gesicht lachen ...

WUT

> »JEDER KANN WÜTEND WERDEN, DAS IST EINFACH. ABER WÜTEND AUF DEN RICHTIGEN ZU SEIN, IM RICHTIGEN MAß, ZUR RICHTIGEN ZEIT, ZUM RICHTIGEN ZWECK UND AUF DIE RICHTIGE ART, DAS IST SCHWER.«
>
> ARISTOTELES

Wut als eine der eher unbeliebteren Basisemotionen ist auch deshalb so tückisch, weil wir uns gerne einreden, für die Wut in uns nicht verantwortlich zu sein: Was kann ich denn schon dafür, wenn die Welt von diversen Vollidioten bevölkert wird, deren Existenzgrundlage einzig darauf fußt, mir das Leben schwer zu machen – na ja, Sie müssen nicht auf jede Palme klettern, die Ihnen jemand hinstellt. Andererseits: Als erwachsener Mensch hat man schließlich das Recht dazu, seine Meinung zu sagen, auch mal auf den Tisch zu hauen. Schließlich sind Sie nicht irgendwer, nicht irgendjemandes Putzlappen, nein, Sie verdienen Aufmerksamkeit, Höflichkeit und zumindest eine Winzigkeit an freundlichem Entgegenkommen. Sie dürfen – Himmelherrschaftnochmal! – doch wenigstens ein kleines, klitzekleines Minimum an Regelkonformismus von Ihren Mitmenschen erwarten, ODER WARUM MUSST DU *****GESICHT MIR JETZT **MEINE** PARKLÜCKE WEGSCHNAPPEN, GEHT'S EIGENTLICH NOCH!?

Und wenn Sie nun in der schönsten aggressiven Stimmung sind, nur noch brodeln und schäumen und der Furor (lateinisch für: Wut) von Ihnen Besitz ergriffen hat, ist alles in Ihnen im Ausnahmezustand. Auslöser für Ärger, Zorn und Wut gibt es jeden Tag dutzende, und zwar in allen Nuancen und Schattierungen, davon kann jeder ein Lied singen. Denn nicht nur das Leben mit seinen kleinen und großen Widrigkeiten ist kein rosa Prinzessinnen-Schloss (da können Sie Glitzer streuen, so viel Sie wollen), sondern auch Sie selbst fühlen sich an manchen Tagen wie das reinste Mängelexemplar: nicht belastbar, ungesund ernährt, gereizt, völlig unsportlich, einfach zu typisch Sie und überhaupt ABSOLUT UNFÄHIG.

Sie merken, worauf ich hinauswill: Auslöser für Wut kann alles und jeder sein; die Bereitschaft zur Wut liegt allerdings in uns selbst. Wenn wir uns nur auf die äußeren Umstände konzentrieren, werden wir nie wirklich verstehen, wie Wut funktioniert. Deshalb müssen wir uns jetzt mit den ungemütlichen Dingen beschäftigen: den Ursachen – in uns selbst.

Wie so oft liegen diese in der untersten Schublade unserer Psyche. Eine pampige Bemerkung wird uns an einem perfekten Tag nur ein müdes Lächeln abringen. Wenn wir aber sowieso schon mit dem falschen Fuß aufgestanden sind, kann sie uns dagegen in tiefe Selbstzweifel stürzen. Gleicher Auslöser – andere Emotion, wieso denn das auf einmal?

Die gute Nachricht ist, dass Ihr Gehirn Ihnen die Entscheidung, wie Sie reagieren, einfach abnimmt. Das funktioniert so: Eine Kränkung, eine Zumutung, ein wie auch immer gearteter Auslöser gelangt via Augen und Ohren zum Tor des Bewusstseins, dem Thalamus, der die Information an Großhirnrinde und Amygdala weiterleitet. Dieser mandelkernförmige Hirnbereich entscheidet vorbewusst so blitzschnell, dass eine kognitive Bewertung durch die Großhirnrinde null Komma null Chancen hat. Wenn Ihre Amygdala so richtig angenervt ist durch das, was da vorstellig wird, ist der Hypothalamus, als oberstes Regulationszentrum für alle vegetativen und endokrinen Körpervorgänge, schneller informiert, als Sie mit dem Nachsinnen anfangen können – und zack!, schon ist Ihnen der Kragen geplatzt oder ein Brüller ausgestoßen.

Ob Ihre Amygdala hochsensibel oder eher grundgechillt auf Auslöser reagiert, liegt – wer hätte das gedacht! – ziemlich oft an der allgemeinen Versorgungslage. Sind Sie hungrig oder unterzuckert, sind Sie nicht Sie selbst, das wissen die Wissenschaftler und die Werber eines Erdnussschokoriegels. Dies ist allerdings nur eine der möglichen Ursachen für Wut. Man könnte sagen, dass die Versorgung der menschlichen Grundbedürfnisse ein wesentlicher Faktor dafür ist, wie wir auf äußerliche Widrigkeiten reagieren. Damit sind zum einen physiologische Bedürfnisse wie ausreichend Schlaf und Versorgung mit Nahrung gemeint, wie auch Ihre Sicherheits-, zwischenmenschlichen und ureigensten Privatbedürfnisse.

Doch da all diese in der Regel mehr oder weniger zufriedenstellend erfüllt sind, wir also keinen Grund hätten, wegen alltäglicher Nichtigkeiten aus der Haut zu fahren, muss es eine weitere Komponente geben, die uns dazu veranlasst, die Contenance zu verlieren.

Und, wen überrascht es, wir treffen auf eine Dreierbande alter Bekannter, besonders effektive Wutauslöser: Zeitdruck oder Zeitmangel, Stress und dysfunktionale Selbstüberzeugungen: Ich kann nicht; ich muss; ich soll; ich darf nicht; ich bin zu viel dies und zu wenig das und so weiter. All diese Dinge schleichen sich gerne im Alltag von hinten an und erwischen Sie immer wieder eiskalt.

So in etwa könnte ein Wutausbrauch in Ihrem Körper ablaufen: Ihre Amygdala hat leichtes Spiel mit Ihnen, wenn Sie flau vor Hunger, unausgeschlafen und mit schlechtem Gewissen (weil Sie im Rausch des kinderfreien Nachmittags völlig vergessen haben, dass Sie ja der Abhol-Elternteil sind), ziemlich verspätet und im strömenden Regen losrasen, um Ihres und weitere Kinder von einer Geburtstagsfeier im nächsten Ort abzuholen.

Sie sind bereits eine geraume Zeit im (heute EXTREM!) zähfließenden Feierabendverkehr unterwegs, als Ihnen bewusst wird, dass

Sie zwar den Ort gefunden, aber die Adresse nicht parat haben – schließlich hat jemand anders die Kinder hingefahren. Auch der Nachname des Geburtstagskindes will Ihnen partout nicht mehr einfallen, wenn Sie ihn denn jemals wirklich wussten. Und das Handy, um eine der Super-High-Performance-Eltern aus der Kita-WhatsApp-Gruppe zu kontaktieren, die immer so viel besser/schneller/reizender/organisierter/gelassener sind als Sie? Haben Sie mitsamt der Handtasche zu Hause liegen gelassen, Sie trauriger, peinlicher, überforderter Totalversager, Sie!

Warum heißt es aber nun, Wut tut gut? Schließlich ändert Ihr Gefühlsausbruch, der sich in diesem Fall aus Selbsthass (weil Sie, jetzt mal wirklich ernsthaft, ja wohl echt ein trauriger, peinlicher, überforderter Totalversager sind) rekrutiert, nichts an der Gesamtsituation beziehungsweise den Gründen dafür. Sie können aufs Lenkrad schlagen, heulen, einen Schwächeanfall kriegen, hyperventilieren, losbrüllen – im Grunde macht es doch alles nur noch schlimmer. In unserem, zugegebenermaßen ziemlich konstruierten und an den Haaren herbeigezogenen Beispielfall, wäre Durchatmen und mit Besonnenheit nachdenken auf jeden Fall die bessere Alternative, aber ich sage nur: Amygdala.

Nun hat das Reinigende, die Erleichterung, die man nach einem gepflegten Ausflippen oft verspürt, zunächst einmal ganz banale körperliche Gründe: Sie sind erschöpft und können einfach nicht mehr. Seine Wut immer einzusperren kann krank machen, es ist also gut, dass Sie sie rausgelassen haben, diesmal werden Sie keine schlaflose Nacht mit Grübeleien und Magenschmerzen verbringen.

Doch wer immer gleich ausflippt, hat es häufiger mit Bluthochdruck, einem erhöhten Infarktrisiko und Depressionen zu tun, das weiß inzwischen jeder. Dazu kommt, dass man durch dauerhaftes cholerisches Verhalten und mangelnde Impulskontrolle auf Dauer die sozialen Bindungen zu seinen Mitmenschen, besonders zu denen in der Familie zerstört – ganz zu schweigen von einer weiteren Eskalationsstufe, der häuslichen Gewalt.

Aber was soll man denn richtigerweise tun, wenn einen die Wut packt? Rauslassen oder runterschlucken? Authentizität oder Selbstbeherrschung?

Da gibt es doch bestimmt, bitte, bitte, eine ganz eindeutige wissenschaftliche Empfehlung? Denn einerseits: Wenn ich meine Wut, zum Beispiel in einer zwischenmenschlichen Konfrontation, nicht zeige, weiß der andere ja nicht, dass ich mit seinem Verhalten nicht einverstanden bin. So bleibe ich doch immer das Opfer, oder nicht?

Andererseits: Hat nicht jeder das Recht darauf, so doof zu sein, wie er ist, selbst wenn Ihnen das nicht passt? Die Erde dreht sich bekanntlich um die Sonne, nicht um Sie. Okay, jetzt wird es also wirklich verzwickt …

Wir können zumindest schon mal festhalten, dass Wut eine Art Mehrwertgefühl zu sein scheint: Seine psychohygienische Funktion lässt sich dosiert einsetzen, sodass sich letztlich aus diesem so unangenehmen Gefühl für alle Beteiligten ein Vorteil herausholen lässt. Das Zauberwort dabei heißt »Veränderungen«, und die sind bekanntlich anstrengend, in der Regel aber lohnend. Sehen wir uns das zugrunde liegende Schema an. Es ist denkbar einfach, wenn man es erst mal durchschaut hat: Sie sind frustriert, gereizt oder empört, woraufhin ein Wutgefühl entsteht, weil Sie nicht mehr frustriert, gereizt oder empört sein wollen: Ihr Ärger lässt sich langfristig aber nur vermeiden oder minimieren, wenn Sie etwas ändern. »Ohne Wut kein Wandel« ist das Motto.

Und genau deswegen sind *Sie* jetzt an der Reihe: Fragen Sie sich, WARUM Sie so wütend geworden sind, machen Sie sich auf die Suche nach der URSACHE (nicht dem Auslöser!):

- Was möchte die Ursache Ihnen sagen?
- Welchen wunden Punkt hat sie mal wieder getroffen?
- In welches Nest hat sie hineingestochen?
- Welche Ihrer Grenzen wurden überschritten?
- Welche Überforderung ist ans Tageslicht gekommen?
- Welche geheimen, ungelebten Sehnsüchte wurden angesprochen?

Was hat diese Wut also mit Ihnen gemacht?

Die Antwort lautet: Ihren Körper in einen fulminanten Aufruhr versetzt, wie es eindrücklicher nicht geht, einfach um Ihnen zu sagen: »*Hey, Mensch, spürst du diese machtvolle Energie und Lebenskraft, die da in DIR steckt? Ich schenke DIR diese Erfahrung (okay, ich hab sie DIR um die Ohren gehauen, aber was soll's …), mach was draus, verändere dich und wachse gefälligst dran*!«

Es gibt ein paar ganz wunderbare Merksätze zum Thema Wut: »Der Wut nicht *nachgeben*, sondern *nachgehen*.« Oder: »Wut ist, was du draus machst!«

Ja, Wut scheint eine Art kostenloser Psychotherapeut zu sein. Dennoch sind *der Wut Raum zu geben*, sich *bewusst* mit ihr auseinanderzusetzen, ganz schön hohe Ansprüche, wenn man so richtig schön sauer ist. Gut, dass Wut, wie jedes andere Gefühl auch, wieder abnimmt, wenn das Gehirn ausreichend davon überzeugt ist, genug Signalwirkung mit dem Abfeuern dieser Reaktion erreicht zu haben. Doch was kommt dann? Das große Grübeln und Gedankenkreiseln. Und wenn dabei ein ganz klein wenig sinnvolle Selbsterkenntnis herauskommt statt hoher Blutdruck, ist schon mal viel erreicht.

Aber wie geht man nun mit vor Wut schäumenden Kindern um? Wie handhabt man dieses kleine Brüllgeheuerchen mit Kulleraugen?

Wenn es Momente in Ihrem Elternleben geben sollte, in denen Sie Ihr Kind eventuell möglicherweise nicht so wahnsinnig gut leiden können, dann vermutlich bei einem überbordenden Wutanfall. Ersparen wir uns Einzelheiten, aber wenn sich Ihr Kulleraugen-Schatz urplötzlich in ein wie von fremden Mächten beherrschtes Brüllgeheuer verwandelt, dann geht das an die Substanz aller Beteiligten! Übrigens auch an die der Unbeteiligten.

Trotzdem können Sie aufatmen: Wutausbrüche sind ein völlig normaler Bestandteil der kindlichen Entwicklung. Auch wenn sie schwer zu ertragen sind – ich weiß und Sie wissen, wovon wir hier reden! Wenn Sie jedoch den Eindruck haben, die aggressiven Ausbrüche Ihres Kindes sind dauerhaft dramatischer oder tiefgreifender als die von anderen Kindern, oder wenn Sie selbst im Umgang damit am Ende Ihrer Kräfte angelangt sind, dann empfehle ich Ihnen, professionellen Rat einzuholen.

Stellen Sie sich nun einmal bildlich vor, der Wutausbruch Ihres Kindes wäre in einem Comic dargestellt. In der Sprechblase sind diverse Buchstaben, Zeichen, Blitze, brennende Lunten und Totenköpfe zu erkennen. Und am Ende des Satzes: Ausrufezeichen. Sehr viele Ausrufezeichen. Brüllzeichen, wäre der passendere Ausdruck.

Hier die Übersetzung, nicht für das, was das arme Comic-Kind geschrien haben könnte, sondern für das, was es gemeint hat, als es »Blitz-Kotzemoji-Totenkopf-Kackhaufen-Orang-Utan-Wirbelsturm-Handgranate-SternchenSternchenSternchen!!!« gekreischt hat:

- »Hilfe, jemand soll mir sagen, was ich da fühle!«
- »Komm mal hier zu mir runter und guck dir den Mist aus meiner Perspektive an!«
- »Ich kann doch noch nicht genug sprechen, um zu SAGEN, was los ist, wieso kapiert das keiner?«

- »Meine Zähne, Fäuste und Füße machen das von allein, ich kann's nicht kontrollieren!«
- »Ich bin so dumm, ich bin so dumm, ich bin so DUMM! Immer passiert mir sowas, ich bin einfach nur SCHRECKLICH!«
- »Wenn ich leise und höflich um Aufmerksamkeit bitte, seid ihr bloß heilfroh, dass ich gerade leise und höflich bin. Also muss ich eben SCHREIEN!«
- »Ich bin eifersüchtig, aber ich weiß ja nicht mal, dass es für dieses Gefühl ein Wort gibt!«
- »Ihr sagt oft, euch sei alles zu viel. Mir auch. Zu viel, zu viel, VIEL ZU VIEL!«
- »Ihr sagt immer nur, ich soll damit aufhören, aber ihr sagt mir nicht, wie ich es anders machen kann!«
- »Ihr fragt mich dauernd, warum ich bin, wie ich bin, aber ihr fragt mich nie, wofür ich das mache!«
- »Ich verstehe nicht, weshalb ihr mir nichts zutraut!«
- »Ich bin ein Kind, ich will draußen rumtoben, ich will raus, raus, raus! In einem Käfig kann ich nicht wachsen!«
- »Nie mache ich euch was recht, nie, nie, nie!«
- »Stellt mir doch nicht immer so viele Fragen, entscheidet selbst, ich bin hier nur das Kind!«
- »Kann ich auch mal ICH sein und nicht dauernd ein kleines DU?«
- »Das darfst du nicht, das kannst du noch nicht, dafür bist du noch zu klein, das ist zu gefährlich, dafür bist du schon zu alt, dafür bist du noch zu jung … Mal so, mal so, das versteh ich alles nicht!«
- »Versteht ihr denn nicht, dass es nicht immer einen Zusammenhang zwischen dem Problem und der Lösung gibt?«
- »Ich reagiere doch nur so, wie ich es bei euch/im Fernsehen/in der Schule/in der Kita abgeguckt habe!«

- »Es tut mir leid, dass ich ein ›schwieriges‹ Temperament habe und ich für euch ›anstrengender‹ bin als andere Kinder, aber dafür kann ich nichts!«
- »Wenn ihr mir nie erklärt, wie ich etwas schaffen kann, wie soll ich das denn von alleine wissen?«

Harter Tobak, nicht wahr? Aber es macht einem bewusst, wie schwierig ein Leben als Kind sein kann. Frustrationen, Reizüberflutung, Bewegungs- und Schlafmangel, zu enge Grenzen oder grenzenlose Freiheit, Überforderung, Autonomiestreben, mangelndes Selbstwertgefühl, negative (Medien-)Vorbilder, zu viel Temperament, permanente Unterwerfung für die Wünsche anderer, um negative Konsequenzen zu vermeiden … Und das sind nur die wichtigsten Ursachen eines kindlichen Wutanfalls. Es gibt zahlreiche weitere Beispiele, jede Familie kann ihre ganz individuelle Liste darüber aufstellen.

Warum fällt es einem dennoch so verflixt schwer, einfach in erwachsener, abgeklärter Gelassenheit abzuwarten, bis das Brüllgeheuer Ihr Kind wieder aus seinen Fängen entlassen hat? Weil es schlaucht, weil es einen fertigmacht, weil es nervt, weil es laut ist, zerstörerisch, verstörend.

Umso wichtiger ist es, sich ein paar Automatismen anzueignen, damit Sie nicht in die gefährlichste aller Fallen tappen, die ein Wutanfall Ihres Schatzes für Sie bereithält: sich anstecken zu lassen. Eigentlich sollten wir Erwachsenen, im Gegensatz zu einem Kleinkind, durchaus in der Lage sein, unser Handeln durch Denken zu steuern und zu kontrollieren. Und trotzdem sind wir oft machtlos gegen die blitzschnelle feindliche Übernahme durch einen Brüllgeheuer-Klon für Erwachsene.

Ihr Kind kann gar nicht anders: Es denkt ichbezogen und hat bis zum Alter von gut drei Jahren so gut wie nur seine eigenen Interessen und Bedürfnisse im Blick.

Aber auch wenn das Kind bereits gelernt hat, dass die Menschen um es herum ebenso Ansprüche und Interessen haben, so ist es kognitiv noch nicht dazu in der Lage, diese zu berücksichtigen, wenn es in einer emotional so angespannten Situation ist. In einer Auslöser-Situation passiert es dann, dass es alles Gelernte vergisst und sein Gehirn die Zurück-auf-Start-Karte zieht und das Kind wieder in sein rein ichbezogenes Denkmuster zurückfällt.

Natürlich gibt es für Sie als »Aushalter« kein Patentrezept, wie Sie am besten damit umgehen können. Folgende Strategien, so munkelt man, sollen sich im Alltag durchaus schon mal bewährt haben:

Verbieten Sie Wutanfälle nicht, bestrafen Sie sie nicht, schimpfen Sie nicht reflexartig los und vor allem: Brüllen Sie nicht. Brüllen Sie einfach nicht. Bleiben Sie einfach mal ganz leise oder gar stumm. Versuchen Sie, sich im Griff zu haben: Sie sind schließlich der Erwachsene und mindestens ein Vierteljahrhundert älter, reifer und weiser als das Brüllgeheuer. Nehmen Sie den Ausraster auf keinen Fall persönlich und bedenken Sie, dass ALLE Eltern dieser Welt so etwas erleben und erlebt haben (auch Ihre eigenen!). Es hat in der Regel nichts mit Ihnen persönlich zu tun (außer Sie sind wirklich total doof und gemein).

Überhaupt gilt in dieser Situation: Schweigen ist Gold. Ihr erregter Redeschwall während eines Wutanfalls hört sich für Ihr Kind vermutlich so an, als würden Sie aserbaidschanisch reden (mit griechischem Dialekt). Mit vernünftigen Argumenten kann Ihr Kind nun gerade noch weniger anfangen als sonst. Sie kennen Ihr Kind am besten: Wenn es ganz allgemein ein eher donneriges Temperament hat, fallen auch die Gefühlsausbrüche entsprechend explosiver aus. Versuchen Sie, es gelassen zu nehmen. Und hat nicht der heftigste Wutanfall etwas Positives? Denken Sie daran, Ihr kleiner

Schatz ist nur die kürzeste Zeit seines Lebens ein knuffeliges Kind. Wie beruhigend zu wissen, dass er sich später im Leben durchzusetzen weiß.

Aber auch im heftigsten Wutanfall dürfen wir nicht vergessen, dass es Grenzen gibt. Sagen Sie klar, dass Treten und Schlagen oder das Kaputtmachen von Sachen nicht erlaubt sind. Zeigen Sie trotzdem Interesse dafür, warum das Kind so wütend wurde – in einem ruhigen, sachlichen Ton, wenn es sich wieder beruhigt hat. Der Lernprozess dabei: Aus der Erkenntnis, trotz des Konflikts wertgeschätzt und lieb gehabt zu werden, prägt sich ein Verhaltensmuster aus gesundem Selbstwertgefühl, Empathie und sozialer Kompetenz. Ha, als ob das so einfach wäre, ich weiß. Dasselbe gilt übrigens auch für Sie. Ich erwähnte es schon: Wenn Sie spüren, dass Sie gleich etwas Unüberlegtes tun werden: Nichts wie weg! Gehen Sie auf die Toilette, halten Sie Ihren Kopf zum Abkühlen in den Kühlschrank, sagen Sie: »Ich-bin-ruhig-und-gelassen-und-eigentlich-ein-Superheld« oder etwas ähnlich Aufbauendes. Aber vor allem: Sehen Sie Ihre Flucht nicht als Niederlage, im Gegenteil, Ihr Kind mag es gar nicht, seinen Wutanfall ganz ohne Publikum auszuleben.

Nutzen Sie Ihre eigene Emotion, um mit Ihrem Kind ins Gespräch zu kommen: Wenn Sie das nächste Mal wütend sind, thematisieren Sie Ihre Gefühle (be-hut-saaaaam!) vor dem Kind, erklären Sie, was Sie fühlen, und fragen Sie es doch einfach mal um Rat – vielleicht bringt es Ihnen den Auszeit-Wecker oder die Wuthaube (siehe Seite 60). Überhaupt plädiere ich dafür, die Kinder viel öfter selbst Vorschläge machen zu lassen, wie man ein Problem lösen könnte, bevor die fertige Lösung aus den Erwachsenen heraussprudelt. Es ist oft erstaunlich, was sich dabei für beide Seiten Überraschendes ergibt. Dies ist auch ganz im Sinne einer systemischen Haltung: von tiefstem Herzen davon überzeugt zu sein, dass das Kind viele wichtige Ressourcen und Stärken in sich trägt, um sich weiterzuentwickeln. Refraiming nennt man das Umdeuten von herausforderndem Verhalten in mögliche Fähigkeiten. Wir müssen uns nur die Frage stellen: »Was muss mein Kind lernen, damit das Problem nicht mehr existiert?« Wie also kann man eine ungewünschte Verhaltensweise »verfähigen«? Mögliche Überlegungen, wenn ein Kind sich zum Beispiel aggressiv und ungeduldig verhält und im Kindergarten öfter aus der Haut fährt, könnten sein: Seine Fähigkeit besteht nicht darin, damit aufhören zu können, sondern darin, selbstbewusst seine Interessen durchzusetzen. Seine Stärken sind die Neugier und die Bewegungsfreude. Wenn es lernt, mit anderen Kindern zu verhandeln, braucht es seine Bedürfnisse nicht mehr mit der Faust durchzusetzen.

Oft hilft es, das Kind in seinen Bedürfnissen nicht immer so verallgemeinernd, erzieherisch zu vertrösten: »Du kannst nicht immer alles sofort kriegen. Wir fahren jetzt erst mal heim, dann kriegst du nachher was Süßes. Bald ist Weihnachten, da gibt's wieder genug Süßkram. Im Hochsommer schmilzt die Schokolade doch immer sofort ...« Den allermeisten Erwachsenen fällt es schon schwer, ihre – *Bing!* – Moment muss kurz ans Handy ... Bedürfnisse – *Bing!* – Sekunde noch ... aufzuschieben. Wie muss es da erst einem Kind ergehen, das so sehr im Hier und Jetzt lebt, ohne Weitblick, ohne später, ohne morgen, für das selbst die kleinsten Kleinigkeiten eine riesige Bedeutung haben? Für das Kind sind Kleinigkeiten groß und wichtig, fühlt es sich unverstanden, grollt die Wut. Heißt das jetzt, jedem Wunsch sofort nachkommen, dann ist wenigstens Ruhe? Nein, natürlich nicht, aber sich mal zuzuhören und zu registrieren, wie oft man selbst solche Vertröster – *Bing!* – warten Sie kurz ... von sich gibt. Das kann helfen, Kindern, die viel Struktur brauchen, mehr Verlässlichkeit zu bieten.

Oder fragen Sie sich doch mal, ob Sie vielleicht einfach manchmal zu viel reden? Sind Sie eine Art Klangkulisse für Ihr Kind, vor deren

Hintergrund es nicht einordnen kann, was wichtig ist und was nicht (außerdem werden Sie es schon noch oft genug wiederholen)? Gestik, Mimik und Tonfall müssen zusammenpassen, je kleiner das Kind, desto kürzer die Sätze. Verlangen Sie bestimmt und konsequent *nur* die Einhaltung weniger, Ihnen wichtiger, genau definierter Regeln.

Zur Wut gehören nicht nur die Funken, sondern auch die Glut. Spätestens wenn sich der Rauch verzogen hat, geht es ins nächste Kapitel. Bestimmt sind Sie auch jedes Mal zu Tränen gerührt über die Wiedergutmachungsversuche Ihres Lieblings: Er kuschelt sich an, schreibt vielleicht ein kleines Zettelchen oder schluchzt hilflos in Ihren Armen. Jedes Kind hat eine andere Art, sich zu versöhnen. Erspüren Sie sie sensibel, nehmen Sie sie an und verkneifen Sie es sich, den Vorfall dabei zu thematisieren oder das Kind zu kritisieren. So findet es den Freiraum, um sich gedanklich mit seinem Ausbruch zu beschäftigen. Ohne Schuldgefühle haben zu müssen, dass jetzt alle böse auf es sind.

Wenn das Meer wieder spiegelglatt liegt: Jetzt ist Zeit für Nachfragen. Helfen Sie Ihrem Kind, die Gründe für seine Wut zu erkennen. Zeigen Sie Verständnis und geben Sie Erklärungen für das Verhalten aller an dem Vorfall Beteiligten. Sprechen Sie dabei auch eigene Emotionen an. In diesem Moment ist für viele Kinder der Körperkontakt sehr wichtig – lassen Sie ihn zu, auch wenn Sie noch sauer sind. Ihr Kind ist es nicht mehr und braucht Sie jetzt am dringendsten. Egal, wie Sie das Versöhnungsgespräch führen: Es geht immer um den Grund, nicht um das Zeigen der Wut, auch wenn es genau das ist, was einen in diesem Moment so fertig gemacht hat. »Du bist nicht deine Wut, du bist du«, vielleicht hilft dieses Mantra im Kopf als Grundhaltung im Gespräch. Wenig hilfreich sind auch flapsige Sprüche. Wie fänden Sie den Kommentar Ihres Partners, nachdem Sie sich so richtig (selbstverständlich begründet), authentisch und völlig erwachsen über irgendwas aufgeregt haben: »Na, hast du dich wieder eingekriegt?« Nicht gut? Eben. Und Ihrem Kind helfen Sie so auch nicht weiter.

Wenn es älter wird und mehr und mehr lernt, Konflikte ohne Wut und Aggression zu lösen oder Kompromisse einzugehen: Loben Sie es wie verrückt. Ein solcher positiver Verstärker ist der reinste Dünger.

Lassen Sie sich auch auf keinen Fall von anderen Leuten aus der Ruhe bringen. Wie heißt es so schön: Die besten Tipps zur Hundeerziehung geben immer die Leute, die keinen haben. Vielleicht haben Sie Ähnliches auch schon in Bezug auf Ihre Art, ein Kind aufwachsen zu lassen, gehört. Auch wenn ein Wutanfall in der Öffentlichkeit passiert, muss Ihnen das nicht peinlich sein (obwohl es das natürlich immer ist). Aber trotzdem, so etwas ist ganz normal, also bleiben Sie cool und denken Sie sich: Alle, die selbst Kinder haben, kennen solche Situationen, manche wollen sich nur nicht mehr dran erinnern. Und der Rest kann Ihnen egal sein. Wenn Sie eine solche Situation mal bei einem anderen Kind miterleben: Bieten Sie Hilfe an – die Handtasche halten, aufs Geschwisterchen aufpassen, ein paar verständnisvolle Worte sagen. Das tut so gut.

Bei uns heißt eine solche Episode »Die große Frau«: Hochschwanger versuchte ich mein wutentbrannt tobendes Kind ins Auto zu bekommen, als ich es vom Kindergarten abholen wollte. Ich schaffte es nicht mal von der Garderobe bis zur Eingangstür. Da schnappte sich kurzerhand eine sehr große, sehr starke Mutter meine strampelnde und kreischende Tochter, trug sie ruhig und bestimmt zum Auto und verfrachtete sie in ihren Kindersitz. Ich werde ihr das nie vergessen – und meine Tochter hat vor lauter Verblüffung mit dem Ausflippen aufgehört.

Manchmal schafft man es noch, die Wut der Kinder einzufangen, wenn man rechtzeitig erkennt, worauf das Ganze zusteuert. Bestimmt versuchen Sie dann auch, schnellschnellschnell die Aufmerksamkeit Ihres Kindes auf etwas anderes zu lenken. Ich schätze, ich bin allein aus zwei Gründen Kinderbuchautorin geworden. Zum einen, weil meine Erstgeborene in ihrer gesamten Kindheit vielleicht drei Mal durchgeschlafen hat und ich viele Nächte geschichtenerzählend mit ihr durchs Haus gelaufen bin. Zum anderen, weil Spiel-Beendigungs-Situationen regelmäßig brenzlig waren und einzig durch das Eintauchen in den Zauberwald gerettet werden konnten. Eines Tages lief ich mit dem brüllenden Kind an der Hand nach Hause, als ich sie, wohl sehr ernsthaft, gefragt habe, ob sie denn den kleinen Bären, den kleinen Zauberer, den kleinen Drachen und Maluna Mondschein schon kenne? Seit diesem Initialmoment habe ich im Grunde mit dem Geschichtenerzählen nicht wieder aufgehört. Und ja, das Feengeschenk auf dem Fensterbrett war die reinste Bestechungsmaßnahme für friedliches Ins-Bett-Gehen, aber was soll's, es hat funktioniert!

Machen Sie sich auch gerne zum Affen und lenken Sie Ihr Kind mit skurrilen Aktionen einfach ab, indem Sie zum Beispiel laut singen (Sie sind sowieso schon allen Menschen im Umkreis von einem Kilometer aufgefallen), tanzen Sie den neuesten Tik-Tok-Move oder versuchen Sie zu rülpsen: Albernheit ist der Knoblauch gegen Brüllgeheuer.

Das funktioniert natürlich auch zu Hause. Sie wissen bestimmt, wie Sie Ihr Kind am besten ablenken. Sobald sich etwas aufstaut: Stellen Sie so rasch wie möglich ein Umleitungsschild auf, im übertragenen Sinne, oder basteln Sie eins aus Pappe. Das Schild zeigt dem Kind: Wir reden später, wenn wir uns beide beruhigt haben. Kreative, verblüffende Ablenkungsmanöver sind aber auch hier mein All-Time-Favourite: Verwandeln Sie sich in ein Kitzelmonster, kriechen Sie mit einem Bilderbuch unter den Küchentisch oder beginnen Sie zu bellen (aber rufen Sie mich vorher an, ich möchte das unbedingt hören!) …

Verabreden Sie gemeinsam ein Geheimwort, um auszudrücken: Stopp, du bist gerade nicht du selbst, lass uns eine Pause machen. TINTENFISCH wäre vielleicht ein Vorschlag. Dieses Geheimwort gilt selbstverständlich auch für Sie.

Vielleicht braucht der rasende Räuber oder die protestierende Powerprinzessin aber auch genau das Gegenteil? Eine liebevolle Berührung, ein gesummtes Lied oder sein Kuscheltier, mit dem Sie so lange ein angeregtes Gespräch führen, bis das Kind nicht anders kann, als mitzuspielen oder aufmerksam zuzuhören.

Ob das zuverlässig immer funktioniert? Selbstverständlich. Einhundert Prozent! Dass meine Tochter mal zwei Stunden brüllend in der Diele auf dem Boden lag, habe ich mir bestimmt nur eingebildet. Auch, dass ich hinter der Tür auf der Treppe saß, ihr immer wieder gesagt habe, dass ich da bin. Und wie ich zur Ablenkung währenddessen mit meiner Mutter telefoniert habe: »Ja, Mama, alles okay, sie muss sich ausschreien, ich kann nichts machen.« In solchen Situationen – und meine erste Tochter war eine ECHTE Herausforderung – hat sich mir aber eine ganz wundersame Wahrheit offenbart: Nach jeder schwierigen Situation, ob Krankheit oder Wutausbruch, zeigte sich ganz deutlich ein Entwicklungsschritt – sie konnte plötzlich irgendwas Neues, es war stets wie ein kleines Wunder. »Geduld, da bilden sich gerade neue Synapsen!« wurde zu meiner Affirmation. Meine zweite Tochter war übrigens das genaue Gegenteil, ich hatte beständig die Sorge, dass ich sie mal irgendwo in ihrer Babyschale vergessen könnte, so gechillt war sie. Das ist übrigens einer Freundin tatsächlich mal passiert, erst auf dem Parkplatz merkte sie, dass sie ihren Kleinen an der Kasse bei IKEA stehen gelassen hatte …

Ich weiß, dass viele Eltern das Gefühl haben, ihr Kind raste besonders oft aus und auch besonders heftig. Was ist normal? Und: Geht das wieder vorbei? Um wirklich Klarheit zu haben, führen Sie ein Wutanfall-Tagebuch über mindestens vier Wochen. Das hilft Ihnen dabei, ein mögliches Schema zu erkennen und herauszufinden, wie die Wutanfälle Ihres Kindes entstehen. Eventuell verstärken Sie als Eltern das Verhalten Ihres Kindes, weil Sie ihm die Belohnung, die durch einen Wutanfall als Druckmittel erpresst werden will, des lieben Friedens willen geben? Oder gibt es andere Gründe? Es kann sein, dass Ihnen durch das Führen eines Tagebuches plötzlich Zusammenhänge sichtbar werden, die Sie vorher nicht gesehen haben oder als irrelevant einstuften, etwa soziale Unsicherheit oder Überforderung. Werden Sie ein Detektiv der Vorboten!

BEISPIEL FÜR EIN WUTANFALL-TAGEBUCH

Wann:
Wo:
Auslöser:
Wutanfall als Druckmittel? Wofür:
Situation, die das Kind belastet haben könnte:
Meine Reaktion:
Reaktion des Kindes:
Besondere Umstände:
In welcher Situation war das Kind heute entspannt und zufrieden:

FRAU PROF. SCHLAU-MEIERS WUTGESCHICHTE

Kindeeer, kommt in meine Arme, ich habe ja genug! Aufgepasst, hier kommt meine Wutgeschichte für dich. Vielleicht erkennst du dich in Karla ja wieder und dir ist es schon mal ähnlich ergangen? Davon darfst du hinterher erzählen.

KARLA KRIEGT DIE KRISE

»Och nee, auch das noch«, murmelt Mama, als sie Karlas Rollladen hochzieht und feststellt, dass es draußen in Strömen regnet. »Guten Morgen, Karlchen, hast du gut geschlafen?« Mama kribbelt Karla über den Rücken. »Auf, auf, wir müssen uns ein bisschen beeilen, irgendwie hat mein Wecker nicht geklingelt.«

»Rm-mmm«, macht Karla und kuschelt sich tiefer in die Decke.

»Und es regnet übrigens. Du kannst auf keinen Fall deine neuen Schuhe anziehen.« Mama ruckelt Karla sanft an der Schulter. »Komm, Schatz, bitte.«

»M-hm!«, macht Karla unwirsch. Sie ist noch sooo müde!

Als Mama aus dem Zimmer gegangen ist, blinzelt Karla verschlafen nach draußen. In dicken Schlieren läuft das Wasser über die Scheibe.

»Ach Mann!«, schimpft Karla. Sie hat sich so darauf gefreut, die weißen Sneaker anzuziehen. Sie haben keine Schnürsenkel, und es hat ewig gedauert, solche aufzutreiben.

»... und zieh eine Hose an!«, ruft Mama aus dem Bad.

»Aber du hast mir versprochen, dass ich heute den Jeansrock ...«, beginnt Karla.

»Hose!«, wiederholt Mama. »Es ist kalt, es regnet.«

Karla schlägt mit der Faust auf die Bettdecke. Wie sie solche Tagesanfänge hasst!

»Wo ist denn schon wieder meine Haarbürste?«, ruft Mama und klingt ziemlich gereizt dabei.

»Ich weiß nicht«, schwindelt Karla und schiebt sie mit dem Fuß unters Bett. Zum Friseur-Spielen ist Mamas Bürste einfach die beste.

Karla geht zum Schrank, um eine Hose herauszunehmen. Dann wenigstens die rote mit den Blumen an der Seite. Karla fällt ein, dass sie nicht vergessen darf, die Turnschläppchen einzupacken.

»Du bist ja immer noch nicht fertig«, schnaubt Mama mit einem raschen Blick ins Zimmer. »Entscheide dich mal. Und die Schläppchen sind auch noch nicht eingepackt. Wenn ich dich nicht dran erinnert hätte, wärst du wieder ohne los.«

»Aber ich wollte doch gerade ...«, widerspricht Karla, doch da ist Mama schon in die Küche gestürmt. »Los«, ruft sie. »Sonst reicht es nicht mehr zum Essen.«

Karlas Magen knurrt. Mama weiß doch ganz genau, dass ihr schlecht wird, wenn sie ohne Frühstück Autofahren muss. Was kann sie denn dafür, wenn Mama verschlafen hat?

Als Karla in die Küche kommt, liegt ein Brot mit Marmelade auf ihrem Teller.

»Och nee, Marmelade«, stöhnt Karla. »Kann ich nicht lieber ...?«

»Jetzt iss es einfach, ich kann überhaupt nicht verstehen, was an Marmelade falsch sein soll«, stöhnt Mama, klappt Karlas Brotbox zu und geht erneut ins Bad.

Karla streicht die Marmelade mit dem Messer herunter und mümmelt ein winziges bisschen am Rand herum. Eklig, dieses Glibberzeug, sie hat Mama schon so oft gesagt, dass sie viel lieber ...

Da kommt Mama zurück.

»Hier, unter deinem Bett«, sagt Mama mit vorwurfsvoller Stimme und wedelt mit der Bürste vor Karlas Gesicht herum. »Hast du mich eben etwa angelogen?«

Karla verspürt einen Kloß im Hals. Der süße Brotbrei fühlt sich an, als ob er immer größer werden würde. Mühsam schluckt Karla ihn hinunter. Sie hat ein schlechtes Gewissen wegen der Bürste, aber gleichzeitig merkt sie, wie sich in ihrem Magen etwas zusammenbraut. Sie springt auf und drängt sich an Mama vorbei. Jetzt lieber nicht reden.

»He!«, schimpft Mama, »du weißt doch, dass ich es nicht leiden kann, wenn du dich an mir vorbeidrängelst, als sei ich irgendein Gegenstand.«

»Tschuldigung«, murmelt Karla leise.

Missmutig stapft sie hinter Mama durchs Treppenhaus.

»Jetzt trödle doch nicht so!«, ruft Mama hektisch. »Ich muss in einer halben Stunde in der Firma sein.«

»Guten Morgen, kleine Dame«, wird sie da freundlich von Frau Schubert gegrüßt, die gerade die Geranien auf dem großen Fensterbrett gießt. »Hoppla, finde ich doch glatt was Süßes in der Tasche, bitte schön.« Frau Schubert reicht Karla ein gelbes Bonbon. »Oh, und weil man von denen ja immer gleich zwei essen soll, tadaaa, hab ich auch noch eins in Orange.«

Karla nimmt die Bonbons wortlos entgegen und rennt nach unten. An der Haustür merkt sie, wie ihr vor Wut die Tränen kommen. Musste Frau Schubert jetzt so freundlich sein? Und warum ist sie sauer, wenn jemand lieb zu ihr ist? Und danke hat sie auch nicht gesagt, das ist ihr total peinlich.

Karla steigt ins Auto und denkt an Papa. Als sie noch alle zusammengewohnt haben, war Mama morgens gechillter. Jetzt muss Mama alles alleine managen und ist immer irgendwie im Stress. Außerdem konnte man gut zu Papa gehen, wenn Mama doof war, und zu Mama, wenn Papa doof war. Prompt wird Karla vom Autofahren schlecht.

»Tschüss, Maus«, sagt Mama, als sie vor der Schule anhält. »Ich hab dich ganz doll lieb, pass auf dich auf.«

Wortlos wirft Karla die Tür hinter sich zu und stapft mit mulmigem Magen hinein.

Ausgerechnet heute ist die Klassenlehrerin besonders gut gelaunt und hat sich was Tolles ausgedacht. Sie schenkt jedem Kind einen Glückskeks. Alle jubeln, öffnen ihr Plätzchen und rufen die Sinnsprüche durcheinander. Dann sollen sie Gruppen bilden, sich auf einen Satz einigen und ein Plakat dazu gestalten.

Karla ist ausgerechnet in der Gruppe mit Leon und Tatjana, die beiden machen die ganze Zeit nur Blödsinn, kritzeln Quatsch aufs Plakat und kichern herum. Karla muss alles allein machen, sie strengt sich wie immer richtig an und ärgert sich gleichzeitig darüber, dass die beiden dann dieselbe Note kriegen wie sie, obwohl sie überhaupt keine Ideen beisteuern. Karla merkt, wie sie Bauchschmerzen bekommt. Zur Ablenkung denkt sie an heute Abend, das wird schön, sie freut sich schon drauf: Ein ganzer Stapel neuer CDs aus der Bücherei wartet auf sie.

Doch die Schule möchte heute einfach nicht enden. Und die Nachmittagsbetreuung muss sie ja auch noch hinter sich bringen. Karla graut es jeden Tag davor, schon beim Gedanken daran bekommt sie Kopfschmerzen. Wie gerne würde sie nach der Schule einfach nach Hause gehen können. In ihrem Kopf ist ständig zu viel Krach, sie kann sich selbst schon nicht mehr hören.

Als Karla in der Mensa-Schlange steht, drängeln die wilden Kinder von hinten, als ob es dann schneller gehen würde. Karla kann das nicht ausstehen und es macht ihr Angst, sie hat den Eindruck, dass sie einfach nicht genug Luft kriegt, wenn sie zwischen all den Schülern so eingequetscht ist. Am liebsten würde sie sich umdrehen und die Drängler ganz weit von sich wegschubsen.

Unsanft wird Karla jetzt gegen das Mädchen vor ihr gepresst, während sie gleichzeitig einen Ellenbogen in den Rücken bekommt, sodass ihr die Mensa-Karte herunterfällt.

»He, geht's noch?«, raunzt das Mädchen.

»Aua, aber ich ...«, murmelt Karla leise.

Sie bückt sich, um auf dem Fußboden nach der Karte zu suchen. Niemand hilft ihr oder nimmt Rücksicht, und als Karla sie gefunden hat, ist ihr beinahe jemand auf die Finger getreten und ihren Platz in der Schlange hat sie auch verloren.

Es dauert noch eine ganze Weile, bis Karla endlich dran ist, sie muss sich wieder ganz am Ende anstellen. Inzwischen gibt es längst nichts mehr von dem Gericht, das sie sich ausgesucht hat. Karla soll sich also zwischen den Resten entscheiden. Aber das ist nicht so einfach, und Karla müsste eigentlich erst in Ruhe nachdenken.

»Nimm den Nudelsalat«, sagt die Bedienung ungeduldig und sieht auf die Uhr.

Unglücklich betrachtet Karla die dicken, gelben Wurmlinge in der schleimigen Soße. Sie hat Appetit auf was Warmes, Deftiges, und jetzt sind nur noch kalte Nudeln da? Karla will gerade auf den Milchreis zeigen, der ist wenigstens warm, da klatscht die Frau ihr schon eine große Portion Nudelsalat auf den Teller.

»So, weiter geht's, wir haben ja nicht ewig Zeit«, sagt sie und wendet sich an das nächste Kind.

»Danke«, sagt Karla höflich, obwohl sie es überhaupt nicht so meint, schließlich hat die Mensa-Frau einfach über ihren Kopf hinweg entschieden. Karla ärgert sich auch über sich selbst, warum hat sie nicht protestiert? Bedrückt hält sie nach ihren Freundinnen Ausschau und setzt sich.

»Igitt, Nudelsalat, das nehm ich nie«, sagt Fine und schüttelt sich. Genüsslich knabbert sie an ihrem letzten Chicken Nugget.

Mit knurrendem Magen und hilflos vor Zorn, pickt Karla die Erbsen aus der Soße und nimmt sich vor, nachher die Reste von ihrem Pausenbrot zu essen.

Als sie am späten Nachmittag auf Mama wartet, regnet es immer noch. Die meisten Kinder sind schon abgeholt worden, irgendwann steht Karla ganz allein im Wartehäuschen.

Zu ihren Kopfschmerzen gesellt sich leise Furcht. Mama wird sie doch wohl nicht vergessen haben? Immer wieder sieht Karla die Straße entlang.

Soll sie einfach selbst nach Hause gehen? Aber was, wenn sie sich verläuft? Bei Regen sieht irgendwie alles anders aus. Und wenn Mama doch kommt, und sie ist nicht da? Gerade als Karla merkt, dass sie keinen klaren Gedanken mehr fassen kann, biegt Mamas Auto um die Ecke.

»Arme Maus, tut mir leid, dass du warten musstest«, entschuldigt sich Mama. »Ich bin einfach nicht früher weggekommen. Wir müssen noch einkaufen gehen«, fügt sie hinzu und fädelt sich in den Verkehr ein.

»Oh nein«, stöhnt Karla. »Da hab ich aber jetzt überhaupt keinen Bock drauf«, sagt sie heftiger als beabsichtigt.

»Na super, was glaubst du, worauf ich alles keinen Bock habe?«, pampt Mama zurück.

Dann schweigen sie sich für eine lange Weile an.

Endlich zu Hause angekommen, ist es bereits dunkel geworden. Karla nimmt sich die Rolle Kekse aus der Einkaufstasche und verdrückt sich in ihr Zimmer. Ohne zu fragen, stibitzt sie das Tablet, um ein paar lustige Videos zu gucken. Nach ein paar Minuten ist Karla so abgelenkt, dass sie gar nicht mehr an die Kopfschmerzen denkt. Sie muss sogar laut lachen, so lustig sind die Kätzchen.

Da kommt Mama ins Zimmer gestürmt und nimmt ihr das Gerät aus der Hand.

»Das gibt's doch wohl nicht. Nie fragst du, wenn du ans Tablet gehst«, poltert sie los. »Immerzu hängst du nur an diesem Ding. Räum jetzt bitte dein Zimmer auf und geh duschen, du musst auch noch ...«

In diesem Moment passiert etwas in Karla. Eine Art Welle rollt auf sie zu. Karla kann sie fast sehen.

Am Fußende des Bettes türmt sich plötzlich eine Wand aus Wut auf, die langsam immer näher rollt. Diese Wutwelle grollt und zischt so laut, dass Karla Mama nicht mehr hören kann, sie sieht nur, wie sich lautlos ihr Mund bewegt.

Jetzt hat die Welle schon ihre Beine erreicht, tost über den Bauch hinauf nach oben. Als sie über ihr zusammenschlägt, spürt Karla den dumpfen

Schmerz im Kopf wieder aufflammen. Plötzlich pocht er so heftig, dass es sogar in den Augen weh tut. In ihren Ohren meldet sich ein sirrender Ton.

Da kann Karla nicht anders, als den Mund aufzumachen und zu kreischen.

»Du bist so gemein«, brüllt sie immer wieder. Ihr Gesicht wird rot und ihr kommen die Tränen. »Geh raus aus meinem Zimmer!«, wütet sie.

Als Mama zögert, schreit Karla nur noch lauter und strampelt mit den Füßen alle Kissen und Kuscheltiere vom Bett. »Geh weg, geh endlich weg!«

Als die Zimmertür ins Schloss fällt, vergräbt Karla den Kopf im Kissen und schluchzt ihre Wut und alles andere aus sich heraus.

Ende

Und nun seid ihr dran. Ich nenne diese Übung:

WAS FÜHLST DU? WAS FÜHLE ICH?

Schaut mal, ich habe euch ein paar Fragen aufgeschrieben. Solche, die mit der Geschichte zu tun haben, solche, die jeder selbst beantworten kann, und solche, die ihr einander stellen könnt. Sprecht über Wut, das ist wichtig. Meine Fragen können euch dabei helfen. Wetten, ihr lernt euch dabei noch viel gründlicher kennen und könnt euch auch besser ineinander hineinversetzen? Und nichts ist wichtiger in der Familie!

FRAGEN AN DICH:

Die kannst du selbst lesen oder jemand liest sie dir vor.

- Weshalb möchte Karla ihre Mutter nicht mehr sehen, wo sie sie doch nur wenig vorher geradezu herbeigesehnt hat?

- Glaubst du, die Mutter weiß, wie Karla sich fühlt (in der Schule, mit der gesamten Situation)?
- Glaubst du, Karla weiß, wie es ihrer Mutter geht? Was könnten Karla und Mama tun, um sich wieder zu vertragen?
- Will man mit seiner Wut jemandem weh tun? Traurig machen? Oder was genau passiert da eigentlich in einem drin?
- Wie fühlst du dich, wenn die Wut verraucht ist?
- Was sind deine größten Gründe für einen Wutanfall?
- Wenn du ein Kind bei einem Wutanfall beobachtest, was denkst du dann?
- Was müsste passieren, damit du manchen Wutanfall gar nicht haben bräuchtest?
- Hat deine Wut eine Farbe? Welche Form hat sie? Hier darfst du einen fetten Wutfleck hinkritzeln:

FRAGEN, DIE DU DEINEN ELTERN STELLEN KANNST:

- Könnt ihr euch an einen Wutanfall aus eurer Kindheit erinnern?
- Wie haben eure Eltern reagiert, wenn ihr wütend wurdet?
- Habt ihr mich lieb, auch wenn ich so ausflippe?
- Warum werdet IHR sauer, wenn ICH wütend bin?
- Wisst ihr, wie ich mich fühle, wenn ich einen Wutanfall von euch miterlebe?
- Wisst ihr, wie ich mich fühle, wenn ein Wutanfall von euch auf mich niederprasselt?
- Wieso schimpft man immer die am dollsten an, die man am meisten liebt, oder kriegt ihr auch Wutanfälle bei Freunden oder bei der Arbeit?
- Habt ihr schon mal Angst gespürt, als jemand wütend auf euch war?
- Was habt ihr bei einem Wutanfall schon mal gemacht, das euch jetzt peinlich ist oder ihr nicht mehr machen würdet?
- Was können wir tun, damit das Brüllgeheuer, wenn es sich einen von uns geschnappt hat, die anderen nicht ansteckt?

FRAGEN, DIE IHR ALLE GEMEINSAM IN DER FAMILIE BESPRECHEN KÖNNT:

- Ist es euch auch schon mal so oder ähnlich gegangen wie Karla in der Geschichte?
- Was hat euch dann gutgetan, was hat überhaupt nichts genutzt und was hat euch nur noch wütender gemacht?
- Wieso sind Karla und ihre Mutter in der Geschichte so angespannt?
- Wieso rastet Karla plötzlich aus?
- Was hätten alle anders oder besser machen können?
- Habt ihr schon mal gesehen, wie jemand wütend war und andere Personen eurer Meinung nach total falsch darauf reagiert haben?
- Wie hättet ihr in einer solchen Situation gerne geholfen?

Was wir jetzt noch brauchen, sind Dampfhandlungen.

Was das sein soll?

Stellt euch einfach vor, ihr wollt Spagetti kochen. Man stellt den Topf auf die Herdplatte, dreht sie auf volle Pulle, und gerade als ihr Wasser einfüllen wollt, kommt euch etwas dazwischen. So kann der Topfboden sich ordentlich aufheizen, und als ihr wenig später das Wasser hineingießt, gibt es eine ziemlich spektakuläre Dampfwolke, ziiisch, der Topf kühlt ab, wow, das ist gefährlich!

Genau solch eine Dampfwolke soll entstehen, wenn wir eine ordentliche Portion eiskaltes Wasser über den heißen Kopf des Brüllgeheuers kippen – symbolisch natürlich. Und dann, tschüss, Wut, machen wir der Wolke das Fenster auf und sehen ihr so lang nach, bis sie verschwunden ist.

Schaut doch mal, ob bei den folgenden Vorschlägen etwas Nützliches dabei ist.

Am allerbesten ist es natürlich, wenn ihr gemeinsam eure ganz eigenen, privat-persönlichen Dampfhandlungen erfindet. Und dran denken: Dampfhandlungen lassen sich ebenso gut einsetzen, BEVOR die Wut überhaupt zu kochen beginnt.

MEINE VORSCHLÄGE FÜR DAMPFHANDLUNGEN:

- Meine liebste Dampfhandlung: Eis essen, dringend, schnell und viel!
- Seiten aus einem Telefonbuch, einer Zeitschrift oder Zeitung reißen, zerknüllen und in die Ecke pfeffern.
- Mit einem Bein Treppen hochhüpfen und dabei erfundene Schimpfwörter vor sich hin fluchen.
- Eine Wuthaube basteln: Bemale dazu einen großen Pappkarton auf allen vier Seiten mit deinen unterschiedlichen Gefühlsgesichtern, so kannst du sie auch in anderen Situationen verwenden. Wuthaube über den Kopf stülpen, tief und ruhig atmen: zähle ein-und-zwanzig, zwei-

und-zwanzig, drei-und-zwanzig beim Einatmen und vier-und-zwanzig, fünf-und-zwanzig, sechs-und-zwanzig beim Ausatmen – die Wut verschwindet schneller, als du denkst.

- Auf Töpfe trommeln, in Kissen boxen, mit den Füßen stampfen ... okay, das liegt nahe, aber versuche möglichst, solche aggressiven Arten von Dampfhandlungen zu vermeiden, wenn du auch anders zur Ruhe kommen kannst. Dein Gehirn ist nämlich schlau (was ja der Sinn eines Gehirns ist), und deswegen lernt es blitzschnell, dass es dir bei einem Zornesausbruch schneller wieder besser geht, wenn du zusätzlich noch herumwütest. Und paff! beim nächsten Mal spult dein Gehirn das Strampel-Tret-Box-Programm automatisch ab. Und du weißt ja: Gewalt ist tabu!
- Gewöhne dir an, »Ich würde gerne ...« statt »Ich will ...« zu sagen. Wenn dann mal etwas nicht klappt oder du die Erlaubnis für irgendwas nicht erhältst, bist du seltsamerweise lang nicht so enttäuscht. Es funktioniert tatsächlich!
- Stell dich vor einen Spiegel und SING hinein, was dich ärgert – siehst du, schon allein bei der Vorstellung musst du grinsen.
- Wenn dich etwas oder jemand anfängt, RICHTIG zu nerven, geh einfach mal kurz weg, das bringt den Ärger zum Schrumpfen; vielleicht aufs Klo, auch wenn du gar nicht musst. Ist nämlich für alle doof, wenn man in der Wut Dinge sagt, die einem hinterher leidtun.
- Wenn sich in deinem Kopf die Gedanken immer weiter um dein Wutgefühl drehen, dann stell dir vor, dass es sich um die Tentakel des Brüllgeheuers handelt: Sie wollen dich einfangen und nicht wieder loslassen. Sag laut »Stopp!« oder »Ende!« oder »Verzieh dich, du mistiges Ungeheuer!«, dann ziehen sie sich zurück.
- Im Kapitel »Traurigkeit« gibt es eine Anleitung für einen Kummerkarton. Stell ein Wutglas dazu (kannst du selbst aus einem leeren Marmeladenglas basteln), schreibe deine Gedanken auf und steck den Zettel hinein.

ICH BIN MANCHMAL WÜTEND, WEIL

FOTO VON MIR, WENN MICH DAS BRÜLLGEHEUER ÜBERFALLEN HAT:

WUTBILDER MEINER FAMILIENMITGLIEDER:

ANGST

»DIE ANGST IST DIE ANDERE HÄLFTE VON MUT.«
REINHOLD MESSNER

»AUCH DER STÄRKSTE MANN SCHAUT EINMAL UNTERS BETT«, WUSSTE SCHON ERICH KÄSTNER, ABER ER SAGTE AUCH: »WER KEINE ANGST HAT, HAT KEINE FANTASIE.«

»ES GIBT KEINE SEELENANGST, BIS MAN KINDER HAT.«
UNBEKANNT

Angst hat viele Facetten. Angst hat man vor und wegen etwas, aus bestimmten, nachvollziehbaren Gründen, aus unbestimmten, hanebüchenen Gründen, oder auch völlig unbegründet. Mal ist die Bedrohung real, mal eingebildet, mal irgendwas dazwischen.

Angst ist nicht proportional zur Körpergröße, zum Alter oder zur Intelligenz, Angst ist nicht proportional zu irgendetwas, sie wächst sich nicht aus, ist unberechenbar, unkalkulierbar und lähmend. Angst wirkt herzquetschend und luftabschnürend, sie kann uns panisch machen und den Lebensmut nehmen. Angst ist diffus oder spezifisch, sie ist veränderlich oder konstant, sie kann uns permanent begleiten oder von hinten überfallen, sie kann sich anschleichen und sich, wenn es ihr bei uns gefällt (wobei Angst das Gegenteil von wählerisch ist), sogar für lange Jahre oder auch für ein ganzes Leben lang einnisten. Und dann sitzt sie da, auf unserem Seelensofa, diese Horror-Mietnomadin, und lässt sich von uns füttern, jamm, jamm, schlurps …

Ja, Angst ist ein sehr, sehr fieses Gefühl.

Dabei entsteht die Emotion Angst zunächst relativ schematisch und nachvollziehbar auf körperlicher Ebene. Umstürzenden Dominosteinen gleich, greifen verschiedene Komponenten ineinander: Unsere Sinnesorgane hören, schmecken, sehen, spüren oder riechen etwas Beängstigendes, die Großhirnrinde startet ihren relativ störanfälligen Interpretationsversuch und sendet erst mal sicherheitshalber: Gefahr! Das limbische System, genauer gesagt die Amygdala, die bereits im Wut-Kapitel ihren Auftritt hatte, zuständig für Gefühle und Meisterin der Delegation, informiert den Hypothalamus, er möge doch bitte das volle Programm abspulen: Ausschüttung von Adrenalin, Noradrenalin, Kortisol und Kortison in rauen Mengen, außerdem Aktivierung des vegetativen Nervensystems mit seinen beiden Gegenspielern Sympathikus und Parasympathikus. Ganz im Gegensatz zu seinem knuffigen Namen verfolgt ersterer jedoch ein knallhartes Ziel: Den Körper auf Flucht oder Kampf vorzubereiten.

Nehmen wir also an, Ihnen, als vielleicht eher nicht zahlenaffinem Mitmenschen, wird von höchster, offizieller Stelle unverhofft angetragen, nochmals die Mathe-Abschlussprüfung ablegen zu müssen. In drei Tagen, weil sonst alles, was Sie danach im Leben erreicht haben, für null und nichtig erklärt werden würde. Ups? Gar nicht gut! Da erhöht sich doch sofort mal Ihr Herzschlag, der Blutdruck steigt an, die Zunge klebt an Ihrem Gaumen und unter Ihren Achseln wird es feucht. Ich vermute mal, entweder machen Sie sich jetzt einfach aus dem Staub, oder Sie versuchen, den Überbringer dieser Horrornachricht panisch, hektisch, nervös und aufgeregt davon zu überzeugen, dass da bestimmt ein Missverständnis vorliegt und Sie doch bereits ein Abschlusszeugnis bekommen haben und inzwischen schon beim Grundschulrechnen in Schwierigkeiten kämen und so weiter …

Wie würde es weitergehen? Wenn Sie zu den eher schreckhafteren Menschen gehören, würden Sie sich wahrscheinlich unter die Regie des Parasympathikus begeben, der nun versucht, auf Biegen und Brechen den Aufruhr, den der Sympathikus mit Ihnen veranstaltet, wieder in ruhigere Bahnen zu lenken. Der Parasympathikus würde Sie in eine Schockstarre versetzen, Sie bekämen weiche Knie und müssten ultradringend auf die Toilette. Ihnen wird schwindlig, Sie werden rot, fangen vor Verzweiflung an zu weinen, würden am liebsten in Ohnmacht fallen und dergleichen Ungemach mehr.

Als kämpferischer Typ allerdings würden Sie dem dubiosen Fake-Behörden-Heini einfach eins auf die Mütze geben, und die Sache wäre geklärt.

Trotzdem: Weshalb das alles? Schließlich haben Sie die Schule irgendwie hinter sich gebracht und können ganz sicher sein, dass niemand von Ihnen eine Wiederholung verlangen wird und alles bloß ein böser Albtraum war, aus dem Sie morgens mit einem Gemisch aus Erleichterung und mieser Laune erwachen (wobei meine »Kinder, ich hatte wieder den Mathe-Traum«-Erzählungen mittlerweile schon eine Art tragischen Kultstatus erreicht haben).

»Erhaltung der eigenen Unversehrtheit« ist der Schlüsselbegriff. Die Evolution hat, vielen Dank, ganze Arbeit geleistet:

Was dem Steinzeitmenschen Mammuts, Höhlenbären und Säbelzahnkatzen waren, sind uns die vielfältigen Herausforderungen unseres ganz persönlichen Lebens. Sie können punktuell auftauchen, zum Beispiel schwerwiegende negative Lebensereignisse wie Arbeitslosigkeit, Trennung, Scheidung, Krankheit, Trauer. Oder sie können permanent vorhanden sein: Überforderung, Zeitdruck, finanzielle Schwierigkeiten, Mobbing. Schlimmstenfalls natürlich auch beides. In der Folge entwickelt in den westlichen Industrienationen jeder Siebte irgendwann einmal eine Angststörung, weil die überlebenswichtige Fight-or-Flight-Funktion der Angst sich verselbständigt und selbst zum unerbittlichen Gegner wird.

Wie lässt sich das erklären? Anhand einer Vielzahl von Modellen wird versucht, die unterschiedlichen Zusammenhänge bei der Genese von Ängsten verstehbar zu machen: Neurobiologisch gesehen ist es zum Beispiel ein Unterschied, ob Ihre genetische Veranlagung Sie mit einer entsprechenden Vulnerabilität ausgestattet hat, die Sie auf bestimmte Situationen und Reize per se anfälliger reagieren lässt als lässigere Mitbürger. Zudem ist es möglich, dass Ihr Körper eine bestimmte Konzentration einer speziellen Sorte von Neurotransmittern aufweist, die als Botenstoffe fungieren und bei der Entstehung von Angst eine wichtige Rolle spielen. Und dann, zack, ist es passiert, und Sie zählen zur Kategorie »Mutter der Porzellankiste« und nicht zur »Elefant im Porzellanladen«-Fraktion.

Ängste können aber auch erlernt werden. Hierbei löst ein an sich neutraler Reiz (der Chlorgeruch im Schwimmbad) zusammen mit einem traumatischen Erlebnis (als Kind beinahe ertrunken oder untergetaucht worden) immer wieder von Neuem Furcht aus, weil uns die realistische Einschätzung der tatsächlich vorhandenen Gefahr im Hier und Jetzt einfach nicht gelingen will. Eine solche erlernte Angst weitet sich ratzfatz zusätzlich auch auf andere Bade-Situationen (Meer, Baggersee) aus. Zunächst stellt sich, durch Vermeidung der angstauslösenden Situation, eine fröhlich-beschwingte Erleichterung ein. Am Beispiel Flugangst lässt sich das wunderbar klar erkennen. Fliegen? Nein, da fährt doch bestimmt auch ein Zug hin … Doch Angst wäre nicht Angst, wenn sich die ganze Sache damit erledigt hätte. In den meisten Fällen führt eine Vermeidungsstrategie nämlich zu einem nicht unerheblichen Folgeproblem: Die Angst bleibt langfristig, weil man sich eben *nicht* vom Gegenteil bzw. der relativen Gefahrlosigkeit der Situation überzeugt und somit seiner Angst einen Riegel vorgeschoben hat. Was – das ist zumindest meine Meinung zum Thema Flugangst – aber eigentlich total wurscht ist, solange es andere (statistisch um ein Vielfaches gefährlichere) Methoden gibt, um von A nach B zu gelangen.

Da auch das Lernen am Modell eine große Rolle zu spielen scheint, sollten Sie sich allerdings, beispielsweise beim Bestehen einer Arachnophobie, schon früh im Nach-innen-Kreischen üben, damit Sie diese oder ähnliche spezifische, also auf ein konkretes Objekt bezogene, Ängste schon mal nicht in Ihr Kind pflanzen. Es gibt jedoch auch Studien, in denen das genaue Gegenteil beschrieben wird. Bei für heutige und hiesige Verhältnisse unangebrachten Phobien vor potentiell gefährlichen Tieren, Gewittern oder Geräuschen sprechen diese von angeborenen Urängsten, die entweder da sind oder eben nicht, egal, welches Vorbild Sie abgeben.

Interessant ist, dass die Ursache von Angst vor Spinnen und ähnlichem Getier in unseren Breitengraden nach wie vor unklar ist. Die irgendwie vonstattengegangene Programmierung auf »Ekeltier« scheint bis dato nicht zufriedenstellend erklärbar, und das gilt mehr oder weniger ebenso für die über fünfhundert wissenschaftlich anerkannten Phobien, die man in Medizin und Psychologie kategorisiert hat. Da aber die Furcht vor sehr gefährlichen Tieren über die Jahrhunderte weitervererbt wird, geht man auch bei spezifischen Tierphobien von dieser Prägung aus. Sie können also doch kreischen, schätze ich mal, denn offensichtlich widerspreche ich mir mit den Erklärmodellen gerade selbst. Aber das macht nichts, denn das ist genau der Punkt, wenn es um GEFÜHLE geht, gibt es einfach kein Schwarz-Weiß.

Eine viel größere Rolle spielt es, durch welche Gefahrenbrille Sie die Welt generell sehen. Haben Sie oft das Gefühl oder eine Vorahnung, dass etwas passieren könnte, katapultieren Sie sich schnell in die Rolle des machtlosen Opfers und werden immer sorgenvoller und verzagter? Je mehr Sorgen Sie sich machen, desto mehr Angstreaktionen aktivieren Sie – so halten Sie das Angstzentrum ungewollt in ständiger Alarmbereitschaft, denn der Mensch hält unbewusst eher nach Belegen Ausschau, die den negativen Eindruck bestätigen, als dass er versucht, sich aktiv von der Ungefährlichkeit zu überzeugen.

Außer natürlich Sie haben eine gute Therapeutin, die mit Ihnen beispielsweise bei Höhen- oder Fahrstuhlangst gnadenlos genau das provoziert und eine verhaltenstherapeutische Konfrontation durchführt, indem sie Sie auf die Aussichtsplattform von extrem hohen Gebäuden stellt (Jeddah Tower, über einen Kilometer hoch), Sie die längsten Aufzüge der Welt fahren lässt oder beides direkt hintereinander veranstaltet (Shanghai Tower, 119 Stockwerke mit 18 Sekunden pro Meter rauf, dann raus auf den Balkon, 561 Meter Luft zwischen Ihren Schuhsohlen und dem Boden, und logisch, mit dem Fahrstuhl auch wieder runter). Natürlich haben Sie vorher ausführlich über die Gründe für solche Angstzustände geredet und verschiedene Erklärungsansätze kennen gelernt. Übertriebene Ängste können bei Menschen entstehen, die schmerzliche Trennungserfahrungen gemacht haben und unbewusst immer in der Furcht davor leben, die Zuneigung anderer zu verlieren oder allein gelassen zu werden. Bei vielen wird die Basis für Ängste auch dadurch gelegt, dass sie von Ihren Eltern gelernt haben, perfektionistisch zu sein, weil die gute Meinung der anderen immer als wichtigeres, höheres Gut betrachtet wurde als die eigenen Bedürfnisse. Die Angst davor, Fehler zu machen, nicht zu genügen, wird vielen schon mit in die Wiege gelegt und macht sie im Erwachsenenalter unter Umständen anfälliger für eine Sozialphobie, ganz besonders dann, wenn belastende Lebensereignisse sie noch zusätzlich in Stress bringen.

Vielleicht hat Ihnen Ihr Therapeut im Vorfeld auch mal einen Spiegel in die Hand gedrückt und Sie gebeten, sich darin zu betrachten. Sie sehen einen erwachsenen Menschen. Höchstwahrscheinlich waren Sie das aber schon vor fünf Jahren und werden es ganz sicher in zehn, zwanzig, dreißig oder auch fünfzig Jahren sein. Erwachsen, aber nicht die gleiche Person. Ihre persönliche Reifung und Entwicklung wird Sie noch mehr oder weniger ein halbes Jahrhundert um- und antreiben. Und dies hat ebenfalls etwas mit Angstüberwindung zu tun: Sie realisieren – ob mit sechs oder sechzig –, dass Sie immer wieder neue Entwicklungshausaufgaben zu machen haben. Es ist sehr vorteilhaft, wenn man dann in der Lage ist, wahrgenommene »Bedrohungen« in Herausforderungen umzudeuten. Sie werden somit noch lange damit beschäftigt sein, Ihre angstfördernden Denkmuster zu erkennen und sich dahingehend umzuprogrammieren.

Während Sie sich also an die Brüstung (oder Ihren Therapeuten) klammern, erfahren Sie auch, dass es gerade dieses Gefühl der Unkontrollierbarkeit des eigenen Lebens ist, das Sie in Gefahr gebracht hat, eine Angststörung zu entwickeln. Je größer und stärker das Wissen um – und das Zutrauen in – ein gewisses Maß an Selbstwirksamkeit ist, desto besser ist man offensichtlich dagegen gefeit. Und genau hierfür wird der Grundstein in der Kindheit gelegt. Die Herausbildung der positiven Erfahrung sich erweiternder Kontrollmöglichkeiten, der Fähigkeit, seine Probleme selbst lösen zu können, wird grundlegend durch Erziehung, Elternhaus, Peergroup und Schule beeinflusst.

Und: Ein gewisses Maß an Angst ist völlig normal und auch wichtig, weil es vor Gefahren schützt. Mal ehrlich, wenn es erwachsenen Menschen zuweilen schon unangenehm ist, eine Hand oder einen Fuß aus dem Bett hängen zu lassen, wie fürchterlich muss es dann erst für ein Kind sein, mit der Überzeugung zu leben, dass in seinem Kleiderschrank gruselklapprige Klamottengespenster hausen? Ach, das wussten Sie nicht, dass es tatsächlich ziemlich viele Erwachsene gibt, die sich typische Kinderängste mit ins Erwachsenenleben genommen haben? Ja, sie haben dann beispielsweise Angst, allein zu Hause zu sein, gehen ungern in den Keller, lassen lieber ein Licht brennen und kämpfen beständig gegen ein mulmiges Gefühl, wenn sie auf der Toilette sitzen, weil sie überzeugt davon sind, dass Ratten durch den Siphon nach oben schwimmen, um dann zu tun, was Ratten eben so tun …

Vielleicht haben aber auch Sie eine klitzekleine Privatangst, das wäre sogar ganz gut, denn die können Sie später ins Buch eintragen und Ihrem Kind authentisch vermitteln, dass Angst zu haben etwas ganz Normales ist. JEDER hat sie.

Manche suchen dieses Gefühl sogar. Für Sensation-Seeker ist Angst in bestimmten Situationen so positiv besetzt, dass sie sich dem Nervenkitzel immer und immer wieder aussetzen. Der Kick beim Horrorfilm-Schauen, Achterbahnfahren oder Bungee-Jumping ist wie ein Rausch, nur dass der Körper die »Drogen« selbst produziert. Und haben wir nicht alle im Ohr, wie es sich anhört, wenn Kinder aus dieser ganz besonderen Mischung aus Ängstlichkeit und überbordender Begeisterung kreischen, kaum dass sich das Kettenkarussell schneller zu drehen beginnt oder die Geisterbahn losfährt? Wie sich das im Körper genau anfühlt, habe ich mein Kind mal gefragt: »Da kriegt man ein Pipigefühl« war die strahlende Antwort, und diese Empfindung verdeutlicht den schmalen Grat zwischen physiologischer Angstreaktion und emotionaler Begeisterung wohl ziemlich genau.

Doch was ist falsch gelaufen, wenn Ihr Kind plötzlich tatsächlich eine handfeste Angst entwickelt? Und wir sprechen im Weiteren nicht von der entwicklungstypischen, wenn auch markerschütternden Trennungsangst, die schon so manchen Elternteil dazu gebracht hat, heulend gen Auto zu eilen und sich wie der schlechteste Mensch der Welt zu fühlen, nachdem er sein Kind kreischend in den Armen einer Erzieherin zurücklassen musste.

Wenn Sie Glück haben, zeigt sich die Angst Ihres Kindes relativ offen. Kinder reden häufig über Ihre Ängste oder malen recht aussagekräftige Bilder. Wenn Sie der Meinung sind, dass diese Angst noch nicht sehr stark ausgeprägt ist, es sich eher um eine Unsicherheit oder eine unbewältigte Situation handelt, dann bleibt Ihnen nichts anderes übrig, als eine Weile zwischen »Bloß nicht vertiefen« und »Ich nehme dich ernst« herumzueiern, bis Sie erspürt haben, ob sich das Thema erledigt hat und man es durch irgendwelche Maßnahmen nur aufgebauscht hätte oder ob es doch tiefer geht. Es ist Ihr Fingerspitzengefühl, das nun zum Zuge kommen muss: Sie kennen Ihr Kind am besten und wissen, ob rationale Erklärungen nützlicher sind als der Aufbau einer magischen Schutzarmee aus wehrhaften Kuscheltieren oder umgekehrt.

Das Annehmen oder Ernstnehmen von Ängsten ist aber leider nur der erste Schritt. Die Bewältigung der Situation können Sie Ihrem Kind ja nicht abnehmen, auch wenn Sie es herzlich gerne täten. Das heißt, Sie müssen jetzt ganz tapfer sein und den Helikopter geparkt lassen. Und nein, Sie brauchen keine Angst zu haben, denn es hilft nichts: Ihr Kind muss die Erfahrung machen, dass es schrittweise lernen kann, die Angst auszuhalten. Es muss lernen, dass ihm nichts Schlimmes passiert, wenn es zum Spielen woanders hingeht, wenn es dunkel ist, wenn es einmal kurz allein bleiben soll, wenn es bei jemand anders übernachtet, wenn es sich vor der Kita von Ihnen verabschieden muss und vieles, vieles mehr.

Bestärken, Mutmachen, Unterstützen, Motivieren, Belohnen, egal, welches Konzept Sie sich ausdenken, die Hauptsache ist, dass Ihr Kind die Möglichkeit erhält, zu erfahren, wie wunderbar kraftvoll es sich anfühlt, eine schwierige Situation allein gemeistert zu haben! Typische Kinderängste folgen in der Regel den Entwicklungsstufen und verschwinden auch wieder. Sie kennen vielleicht das Fremdeln, auch Neun-Monats-Angst genannt (ein Phänomen, das in manchen Kulturen übrigens gar nicht vorkommt), die Panik vor Monstern in der Phase des magischen Denkens, die Angst vor Gewittern oder Silvesterraketen im Kleinkindalter, vor Trennungen und Abschieden im Weiteren.

Erst wenn ein Kind von seinen Ängsten so dominiert wird, dass es ein bestimmtes Verhalten und Situationen vermeidet, sich zurückzieht, oder wenn es altersabhängige Ängste über die jeweilige Entwicklungsstufe hinaus beibehält, spricht man von einer Angststörung, die therapeutisch behandelt werden sollte. Und eine solche haben immerhin zehn Prozent aller Jungen und Mädchen im Alter von acht Jahren, was Angststörungen zu den häufigsten psychischen Störungen im Kindes- und Jugendalter macht. Die gute Nachricht dabei: Die Therapie von Angststörungen gehört zu den erfolgreichsten Behandlungen unter den psychischen Störungen. Lassen Sie Ihrem Kind frühzeitig Hilfe zukommen, nur so kann der Leidensdruck verringert und das damit einhergehende erhöhte Risiko eingeschränkt werden, dass es auch im Erwachsenenalter psychisch krank wird.

Stellen Sie sich vor, Ihr Kind kommt zu Ihnen, weil es mit den Zehen in den Schuhen vorne anstößt. Sie drücken, tasten, rollen mit den Augen – bewundernd, wie man nur so schnell wachsen kann oder mehr Humpf-schon-wieder-neue-Schuhe-mäßig, doch in jedem Fall nehmen Sie die Beschwerde ernst. Oder würden Sie etwa sagen: »Stell dich nicht so an, da tut nix weh, da drückt nix, das kann gar nicht sein …«? Nein? Eben.

Und bei Ihrem Kind drückt da jetzt eben ein Gefühl.

Ihr Kind will mit seiner Angst unbedingt ernst genommen werden. Verkneifen Sie sich am besten die üblichen, ultralahmen Appelle an die Vernunft à la: »Da ist kein Monster«; »Es gibt keine

Monster«; »Du brauchst keine Angst zu haben, du weißt doch, dass nichts passieren kann/ich wiederkomme/ich gleich wieder da bin«; »Du bist doch jetzt schon so groß, stell dich doch nicht immer so an …« Denken Sie an Ihre eigene kleine Privatangst und sagen sich die oben genannten Luftsätze mal selbst. Und? Angst wie weggeblasen? Na, sehen Sie …

So banal Ihnen die Ängste Ihres Kindes auch vorkommen mögen: Machen Sie sich doch mal so klein wie Ihr Sohn oder Ihre Tochter, gehen Sie auf Augenhöhe runter und denken Sie daran, dass Ihr Kind sich seine Furcht nicht ausdenkt, um Sie zu nerven, sondern sie wirklich verspürt. Na ja, sagen Sie jetzt womöglich, erst wollte es unbedingt ins Geräteturnen/Fußball/tausend andere Beispiele, nach einem Jahr Warteliste ist es endlich so weit, der Mannschaftsturnanzug/Fußballschuhe/tausend andere Utensilien ist/sind gekauft, und jetzt klammert es sich weinend an meine Beine, statt mit den anderen SPASS zu haben? Alle gucken schon mitleidig. Ah ja? Und wann waren Sie zuletzt ganz allein im Kino? Oder ohne Begleitung essen? Oder auf einer Party, wo Sie niemanden kannten? Hatten Sie etwa keinen Bammel vor dem ersten Arbeitstag? Vor einem Gerichts- oder Zahnarzttermin? *Sie* wissen, was in einem Ballettstudio, in einer Musikschule oder auf einem Kindergeburtstag passiert, aber Ihr Kind hat keinen Schimmer! Bestimmt gab es auch in Ihrem Leben Situationen, in denen Sie sich am liebsten (heulend) so schnell wie möglich wieder aus dem Staub gemacht hätten. Perfekt, dann hätten wir das geklärt.

Andererseits: Machen Sie kein Drama draus nach dem Motto: »Oh Gott, du arme kleine Maus, wie musst du dich gefürchtet haben!« Damit erschaffen Sie unter Umständen eine Ich-bekomme-endlich-Zuwendung-und-Aufmerksamkeit-wenn-ich-sage-dass-ich-vor-etwas-Angst-habe-Situation daraus, denn dann wird Ihr Kind seine Ängste zu Recht gar nicht mehr unbedingt loswerden wollen. Schmaler Grat, schon klar! Doch Kinder sind ziemlich gute Seismographen. Ihre Gelassenheit ist wie ein heilendes Pflaster, Ihre womöglich gesteigerte Zuwendung eine Wiederansteckung und Ihre unsichere Aufgeregtheit wie ein An-der-Kruste-Knibbeln.

Vielleicht fragen Sie sich aber auch manchmal, weshalb Ihr Kind bloß so schüchtern und ängstlich ist und ob Sie vielleicht etwas falsch gemacht haben, weil Sie doch so ganz anders sind, überhaupt, alle in der Familie (obwohl man das ja auch nicht so genau sagen kann, früher ist lange her, und aus der Partnerfamilie kennen Sie auch nicht alle Geschichten …). Egal, jedenfalls, warum ist also ausgerechnet Ihr Kind ein solcher Angsthase? Es will Ihnen gar nicht in den Kopf, wo die Gründe liegen könnten, dass es so ein empfindliches Pflänzchen ist, das kleine Schissmuggelchen? Die Antwort ist mal wieder: die Gene. Da können Sie nichts mehr gegen tun, die Würfel sind gefallen.

Aber: Sie können Ihre Haltung zu dem Thema ändern. IHRE, nicht die des Kindes. Es ist nämlich nicht aus Bosheit, Aufmüpfigkeit oder Bockigkeit ängstlich. Es will Sie mit seinem Verhalten nicht ärgern! Zeigen Sie Verständnis, dann ist bereits eine Menge gewonnen. Vermitteln Sie Ihrem Kind, dass es sich für seine Ängste nicht zu schämen braucht. Sie nehmen ihm damit das fürchterliche Gefühl, etwas falsch gemacht zu haben. Machen Sie ihm klar, dass es dafür in anderen Situationen unheimlich selbständig, stark und mutig ist. Mutiger vielleicht, als Sie selbst es damals waren. Ein Tipp, der möglicherweise banal wirkt. Aber die Wirkung ist das Gegenteil, versuchen Sie's.

Seien Sie außerdem sicher, dass Ihr Kind Ihnen immer gefallen und Ihren Ansprüchen genügen will. Wenn Sie ständig über seine Ängstlichkeit und Schüchternheit sprechen (ja, Ohren scheinen bei Kindern hauptsächlich der Dekoration zu dienen, schalten sich aber automatisch an, wenn sie ausdrücklich NICHT zuhören sollen), fließen vermehrt genau diese Glaubenssätze ins Unterbewusstsein: Ich bin feige, ich bin ängstlich, ich bin schüchtern. Und dann kann es sein, dass das Kind genau das bleibt. Richten Sie jedoch den Fokus auf die Stärken Ihres Kindes, lassen Sie es Erfolgserlebnisse haben, werden bei ihm auch folgende Gedanken aufkeimen: Ich habe mich getraut! Das hab ich super gemacht! Da war Mama stolz auf mich! Da hat Papa vor Begeisterung geklatscht!

Zu dieser Strategie gehört auch, dass Sie die gezeigte Ängstlichkeit, das Hinter-dem-Rücken-Verstecken Ihres Kindes in sozialen Interaktionen vor anderen Leuten nicht kommentieren. Viele tendieren dann zu folgenden Sätzen: »Sorry, aber mein Kind ist immer so schüchtern, ich weiß auch nicht, von wem es das hat/was ich dagegen tun kann; zu Hause ist es ganz anders.« Sie brauchen sich oder Ihr Kind nicht zu entschuldigen, denn es wird von allein Kontakt aufnehmen, wenn es so weit ist. Erzwingen Sie also weder Küsschen noch Händeschütteln oder eine Umarmung, auch nicht bei Verwandten, so seltsam und vielleicht auch bescheuert Ihnen das alles vorkommt. Für Ihr Kind sind Fremde Fremde, auch wenn es sich um die Tante handelt. Und zwar so lange, bis es eben keine Fremden mehr sind. Sehen Sie diesen Schutzmechanismus positiv, denn im Ernstfall kann es Ihr Kind vor Missbrauch schützen und macht es weniger empfänglich für Gruppendruck. Kinder, die Nein sagen, sind anstrengender, viel anstrengender, aber genau das wollen Sie doch eigentlich: dass es stopp sagen kann, später und auch als Erwachsener.

Wenn sich solche Situationen öfter im sozialen Miteinander zu anderen Kindern ergeben: Vergleichen Sie Ihr Kind nicht mit anderen, das geht bekanntlich sowieso immer nach hinten los. Es fühlt sich eh schon mies genug, weil Lukas dies schon so toll kann und Emily jenes und Ben das und Mia sowieso alles zusammen … Vergleichen Sie Ihr Kind nur mit sich selbst, so fördern Sie sein

Vertrauen in und sein Wissen um die eigenen Stärken am allerbesten.

Reagieren Sie besonnen und: paradox. Das ist ganz einfach. Erklären Sie dem Kind, dass Sie genau! diese! Angst auch hatten und was *Sie* dagegen unternommen haben und wie *Sie* damit umgegangen sind. Der Perspektivwechsel holt das Kind aus seiner emotionalen Anspannung, in der Regel reagiert es erleichtert, dass sogar Mama oder Papa (= ultimative Superhelden) sowas durchgemacht haben. Dadurch vermindern Sie ebenfalls die Schuldgefühle Ihres Kindes, denn die hat es. Und damit verbunden auch die Angst vor Tadel und das schlechte Gewissen: Alle sind ärgerlich darüber, dass ich vor XY Angst habe, ich mache Umstände, Mama geniert sich für mich, Papa findet es peinlich, Opa/Oma schimpft, weil ich mich so anstelle …

Achten Sie sehr genau auf Ihr eigenes Verhalten. Wenn Sie vor einer unbekannten Situation Hektik und Nervosität verbreiten, leuchten die Alarmknöpfchen Ihres Kindes bereits hellrot. Zu Ihrer eigenen Unsicherheit gesellt sich zusätzlich die Befürchtung, dass Ihr Nachwuchs bestimmt wieder mit Weinen und Schreien reagieren wird. Das Kind, wie gesagt ein menschlicher Seismograph, spürt, was da in Ihnen vorgeht, die Knöpfchen vibrieren jetzt schon, und es beginnt, selbst Angst zu bekommen, denn: Wenn Papa-Mama-Superheld schon Schiss haben, wie soll es mir dann erst gehen? Ich will HIER WEG! Ihr Kleines fängt an zu weinen und damit hat sich Ihre Prophezeiung mal wieder bestätigt. Hübscher Teufelskreis, der da Ringelreigen mit Ihnen spielt. Um ihn zu durchbrechen, hilft nur sehr viel Oooooooommmm … und jede Menge Selbstreflexion.

Bedenken Sie bei allem Wissen um die Entstehung von (Kinder-)Ängsten auch, dass Erziehung an sich, ob in Schule, Kindergarten oder zu Hause, irgendwie schon auch ein wenig auf Angsterzeugung beruht: Strafen, Bewertungen, Wettbewerbe, Noten als

Motivationssystem usw. wirken nun mal auch auf der Grundlage von Angst vor dem Verlieren, dem Versagen, dem Nicht-mehr-liebgehabt-Werden und so weiter und in unterschiedlichen Abstufungen. Einen besonderen Standpunkt nimmt hier die Bestrafung ein, die bekanntlich nur wirksam ist, wenn die Konsequenzen verschrecken und abschrecken, also Angst erzeugen. Ein mächtiges Instrument, das man als Eltern da in der Hand hat – »Obacht!«, würde Frau Prof. Schlau-Meier an dieser Stelle deshalb mit allen erhobenen Armen rufen, und Sie wissen ja, sie hat eine Menge davon.

Und noch eins: Trainieren Sie besser das Gefahrenbewusstsein des Kindes, statt es überzubehüten. Ja, ich weiß, es ist für Sie als Bezugsperson ein langer, herzklopfender Weg zwischen der Bewältigung von kleinen, überschaubaren Gefahren im Kleinkindalter bis zur ersten selbstüberquerten (nicht in einem sehr, sehr einsamen Wald gelegenen) Straße. Ich finde, das verlangt größten Respekt, denn Angst um sein Kind kann man nicht kleinreden, man schafft es höchstens, damit umzugehen, Stichwort »Seelenangst« im Kapitelzitat.

Eltern infizieren sich bei der Geburt ihres Kindes ja bekanntlich mit dem Safety-First-Virus. Dieser ist unheilbar und hochansteckend, besonders für Großeltern und andere enge Bezugspersonen. Deshalb kommen in den nächsten Jahren und Jahrzehnten aus Ihren Mündern oft Sätze wie: »Sei vorsichtig! Das ist zu gefährlich! Tu das nicht, fall mir nicht hin/runter! Tu dir nicht weh! Stoß dich nicht!« Keine Sorge, Sie können nichts dafür, das ist das verflixte Virus. Aber eigentlich wollen Sie Ihrem Kind doch gar keine Angst machen, verunsichern es durch Ihr Gerede aber trotzdem am laufenden Band?

Vermitteln Sie ihm lieber, was es tun soll, damit alles gut ausgeht, indem Sie konkrete Handlungsanweisungen geben: »Oben an der Rutsche erst mit beiden Händen festhalten, dann hinsetzen«;

»Ich zeige es dir erst, dann darfst du selber schneiden.« Oder einfach nur: »Du trägst das vorsichtig zum Tisch« statt: »Lass es nicht fallen.« Oder: »Halte das Glas gut fest, wenn du die Milch einschüttest« statt: »Verschütte nichts. Kipp das Glas nicht um!« Ein wirklich unspektakulärer Tipp, positiv formulierte Sätze mit einer klaren Aussage zu verwenden statt Sätze, die das Negativergebnis schon vorwegnehmen – aber einer der besten, und dieser gilt auch ganz allgemein für die Kommunikation zwischen Erwachsenen.

Oder vielleicht das: Ersetzen Sie eine kleine Angst durch eine größere. Ja, richtig gelesen! Angstmachgeschichten funktionieren auf diese Weise. Das kleine Monsterchen unter dem Bett gerät völlig in Vergessenheit angesichts eines hausgroßen Dinosauriers (oder eines anderen gewaltigen Tiers, das Ihrem Kind keine Angst macht), der in Ihrer, in der Steinzeit spielenden Geschichte, zähnefletschend um die Höhlen schleicht. Und wäre da nicht das kleine Höhlenkind Grolldimoll gewesen, das jeden Abend ein großes Feuer entzündete, um den Dino zu vertreiben und so weiter und so fort … Dieser Tipp bekommt allerdings einen Extra-Ohne-Gewähr-Hinweis, da ich nicht ausschließen kann, dass ein Albtraum mit Dino-Inhalt flugs vorprogrammiert ist, doch es gibt Fachleute, die genau ein solches Vorgehen propagieren. Entscheiden Sie selbst …

Sie können es auch andersherum machen: Durchleben Sie spielerisch mit Ihrem Kind eine Situation, vor der es Angst hat: z. B. ein Nachtspaziergang, eine Übernachtung im Zelt, eine Geisterbahnfahrt. Wenn es das will und ohne, dass Sie es dazu überreden müssen. Lassen Sie ihm Zeit, den Mut zu dieser Unternehmung zu fassen. Dann kann das Abenteuer beginnen. Ihr Kind verspürt dabei das unbezahlbare Vertrauen und die Sicherheit, dass es gut ausgehen wird, weil es Sie an seiner Seite hat. Nun kann es sich stark und mutig fühlen und speichern, wie gut es sich angefühlt hat, mit der Angst umzugehen, ihr standzuhalten, sie zu besänftigen. Das hat es alles ganz allein geschafft, wow!

Im Übrigen gibt es fast keine Angst-Situation, für die noch kein Bilderbuch geschrieben wurde. Ob zur Prävention oder zur Traumabewältigung, nichts bringt Sie so schnell in Kontakt mit dem kindlichen Erfahrungshorizont wie eine gemeinsam gelesene und behutsam illustrierte Geschichte. Lassen Sie sich im Buchhandel beraten, wenn Sie etwas ganz Bestimmtes suchen. Gehört Ihr kleiner Schatz zu den fünf Prozent der Kinder, die regelmäßig schreiend mitten in der Nacht aufwachen, als sei das eingebildete Gespenst im Schrank tatsächlich daraus hervorgeschwebt? Der Nachtschreck (*Pavor Nocturnus*) ist ein fieser Geselle, der leider schon geflüchtet ist, wenn Sie ins Zimmer getaumelt kommen, um Ihr Kind zu retten, sodass Sie ihn nicht eigenhändig die Toilette runterspülen können. Es bleibt also nur, Ihr Kind zu beruhigen, indem Sie Leises murmeln und es auf keinen Fall wecken. Gleichzeitig sollten Sie für eine rasche Ausreifung des kindlichen Nervensystems beten, damit es sich in naher Zukunft nicht mehr durch eine spontane Übererregung so derart aus der Contenance bringen lassen wird. Am nächsten Tag kann es sich zum Glück an nichts mehr erinnern – Sie schon, nämlich bei jedem Gähnen …

Kinder geben ihren diffus empfundenen Ängsten oft ein Gesicht, indem sie Zeichnungen anfertigen. Kramen Sie ebenfalls in Ihrer Phantasie und erfinden Sie einen Antagonisten dieser Angst: Erschaffen Sie gemeinsam eine Fantasiefigur, die so groß, mächtig und stark oder so klein, listig und schlau ist, dass sie die Angst in Schach halten kann. Werden Sie kreativ: Vielleicht verfügt die Figur über eine magische Kraft, die sie in schwierigen Situationen auf Ihr Kind übertragen kann (zum Beispiel durch seinen automatischen Mutübertragungsrüssel oder mithilfe seines gigantischen Angstlöscherstifts …). Sie können sich die Angst, die Ihr Kind umtreibt oder von der es erzählt, gar nicht so recht vorstellen? Lassen Sie es das Gespenst malen, das Monster nachbauen, sich selbst in der angstauslösenden Situation zeichnen, hier ist Platz für das Bild oder eine Zeichnung davon:

Wenn Sie sich nun das Kunstwerk betrachten, Hand aufs Herz: Ist es weiterhin sinnvoll, die Angst Ihres Kindes als normalen Entwicklungsschritt zu betrachten, oder sagt Ihnen Ihr Bauchgefühl, dass sie vielleicht doch etwas mit der familiären Situation, mit Umbrüchen oder Veränderungen zu tun haben könnte? Und wenn ja, sind Sie stark und belastbar genug, dies aufzufangen? Wenn Sie jedoch ehrlichen Herzens in Erwägung ziehen müssen, dass die dauernden Bauch- und Kopfschmerzen, die Übererregbarkeit, die Schlafprobleme, das Einnässen, die übertriebenen Sorgen Ihres Kindes in ganz normalen Alltagssituationen nicht mehr als »Phase« eingestuft werden können, wenn Sie eingestehen müssen, dass es im Bereich des Möglichen läge, dass eine Vermischung mit Ihren eigenen Ängsten bzw. Lebensumständen oder Überforderungen stattgefunden haben könnte, dann entscheiden Sie weise, für sich und Ihr Kind, ob nicht der Zeitpunkt gekommen ist, sich professionelle Unterstützung zu holen. Die Kinderarztpraxis kann hier Ihre erste vertrauliche Anlaufstelle sein.

FRAU PROF. SCHLAU-MEIER RÄT: SPIELERISCH UND KREATIV GEGEN DIE ANGST!

So, kleiner Schatz, ein Angstbild ist ja jetzt schon im Buch, umso besser, nun können wir es zuklappen, mit Wucht, PANG!, jetzt hat das doofe Monster eine platte Nase, geschieht ihm recht! Weißt du, wie es jetzt spricht?

Halte dir mal die Nase zu und versuche möglichst gruselig: Ich fange dich, ich fresse dich! zu grollen. Geht nicht? Eben. Über dieses quäkende Monster kann man ja nur lachen!

Du willst auch noch ein zweites Angstbild malen? Wunderbar. Dann verbrennen wir es später gemeinsam. Oder verbuddeln es. Oder zerschnippeln, zerreißen oder zerfetzen es. Oder wir spülen es im Klo runter. Ahh, das tut gut!

Guck mal, hier sind jede Menge Bastelideen gegen die Angst:

- Hast du einen alten Schirm? Du kannst Bänder, Schnüre oder Glitzerpapierstreifen an seinen Rand kleben. Darunter bist du sicher, keine bösen Blicke oder dumme Sprüche schaffen es durch deinen magischen Schutzschirm.
- Sperre die Angst doch mal für eine Weile in einen Karton. Fette Gitterstäbe draufmalen und ein großes Schloss dranhängen oder mit fünf Kilometer Wolle verschnüren. Manchmal braucht man einfach eine kurze Waffenruhe!

- Aus alten Socken lassen sich wunderbare Angstmampfer und Sorgenfresser basteln. Augen draufkleben, Wollhaare dran knüpfen und einen großen Mund aufmalen, der deine Sorgen, haps!, verspeist. Abends schreibst du auf, wovor du Angst hast, und stopfst den Zettel tief in den Rachen des Sorgenfressers. Am nächsten Morgen geht es dir schon viel besser!
- Aus den Fingern von einzelnen Handschuhen werden winzige Mutpüppchen: Ein Luftballon gefüllt mit Milchreis ist jetzt dein Ich-schaffe-das-mir-kann-nichts-passieren-Knautschi für die Hosentasche, so bist du nie allein und hast deinen Mutmacher immer bei dir.
- Ausgestopfte Strumpfhosenbeine mit aufgeklebten Filzgesichtern sind prima Gespenster-Weg-Hau-Würste, gegen die so schnell echt niemand ankommt!
- Oder wie wäre es mit einer speziellen Schutzsalbe, die du zusammen mit Mama oder Papa anmischst? Ein Tupfer Creme auf Nacken oder Stirn und schon kann der Tag (oder die Nacht) kommen?
- Wenn man mit Knoblauch Vampire bekämpfen kann, dann flüchten unliebsame Zimmermitbewohner erst recht vor einer Duftlampe. Such dir einen leckeren Anti-Monster-Schnell-Einschlaf-Geruch aus. Jetzt könnt ihr verduften!
- Hey, man kann Ängste auch einfach wegfliegen oder wegschwimmen lassen! Schreib deine Angst auf einen Zettel, hänge ihn an einen Luftballon und lass ihn steigen. Oder du faltest aus dem Zettel ein kleines Schiffchen und lässt es am nächsten Bach einfach davonschwimmen.
- Oder wie wäre es mit einem Stachelpanzer, wie Igel ihn haben, um sich bei Gefahr blitzschnell darin einzurollen? Vielleicht hilft es, sich einen solchen Schutzpanzer vorzustellen und ihn morgens mal für eine Zeitlang drüberzuziehen? Sucht ge-

meinsam ein bestimmtes Kleidungsstück aus, das ab sofort dein Panzer ist! »Warte, wir ziehen über die Jacke jetzt noch den Stachelpanzer, perfekt, piks, piks, dir kann nichts passieren!«

Jetzt sind wieder die Eltern dran:

Wissen Sie, was in der Erwachsenenwelt dem Igelpanzer entspricht? Das kleine Wörtchen TROTZDEM. Es sieht schon geschrieben stachelig aus und macht genau das: Es stachelt Sie an, TROTZ Angst die Dinge zu tun, die Ihnen wichtig sind. Mir zum Beispiel ist dieses Buch wichtig, weil ich hoffe, dass es positive Impulse ermöglicht, aber ich habe Angst, es zu veröffentlichen. Schon während des Schreibens spüre ich oft Herzklopfen, weil man es nie allen recht machen kann und weil ich weiß, dass ich mir negative Rezensionen fürchterlich zu Herzen nehme und stundenlang darüber nachgrübeln werde. Ich schreibe es TROTZDEM. Wo Ängste, da Wachstumspotential, sagt man.

Eine typische Frageform in der Systemischen Therapie ist die Skalierungsfrage. Man setzt sie ein, um mehr über etwas zu erfahren, das in der Realität nicht oder nur schwer messbar ist. Helfen Sie Ihrem Kind, seine Angst einschätzbar zu machen, indem Sie es fragen: »Wie groß ist deine Angst, wenn 1 super-doll-wenig und 10 in-die-Hose-mach-riesig bedeutet?« Oder, wenn Zahlen zu abstrakt sind: »So wenig wie ein Rosenkohl oder so grässlich wie zehn?« Feiern Sie es, wenn die Angst abgenommen oder weniger geworden ist, damit Ihr Kind sieht, dass sich dieses Gefühl stetig in Richtung »weniger« bewegt.

Fragen Sie konkret, wo die Angst sitzt. Im Bauch? Im Herzen? Darauf können Sie kreativ und mit kleinen Ritualen reagieren: »Komm, wir legen eine Wärmflasche drauf, weil Angst bei Hitze schmilzt, oder du trinkst einen Kamillentee mit Honig, weil die

Angst Kamillentee mit Honig scheußlich eklig findet und sich auflöst.«

Oder probieren Sie das: Verkleidekiste raus und los geht's. In Rollenspielen kann Ihr Kind die Seiten wechseln und sich selbst (Sie, oscarverdächtig in der Rolle Ihres verschüchterten, weinenden, stotternden, sprachlosen Kindes – sprechen Sie vorher ganz genau darüber, wie Sie die Angst Ihres Kindes darstellen sollen) und seiner Angst begegnen. Der Perspektivwechsel in die Rolle des Angstverursachers (Ihr Kind ist ein anderes Kind, die Lehrerin, eine Schlange, die Dunkelheit, ein Hund …) eröffnet ihm eine neue Welt von Handlungsmöglichkeiten und kann dem Kind Anspannung und Ungewissheit nehmen. Und Sie spüren fast wie in echt, wie sich Ihr Kind fühlen muss. Gemeinsam können Sie üben, wie es reagieren könnte, welche Möglichkeiten es hat, wie ein Anti-Angst-Satz lauten könnte …

FRAU PROF. SCHLAU-MEIERS ANGSTGESCHICHTE

Kindeeer, kommt in meine Arme,
ich habe ja genug!

FREDDIE BESIEGT DIE ANGST

Eines Tages war sie da.

Die Angst.

Freddie hatte ihr sogar einen extra scheußlichen Namen gegeben. Grilönde. Grilönde war dunkelgrau-lila-schwarz gestreift und hatte spitze Halloweenkürbis-Zähne. Und wenn sie ihr Maul aufmachte, zitterten wabbelige Spuckefäden dazwischen herum. Das war eklig.

Grilönde guckte auch stets sehr gemein. Mit einem hämischen Grinsen. He, he, he, du kleiner Schisser, schien sie immer zu denken. Auf ihrer Stirn waren lauter Falten vom grimmigen Gucken und an ihrer Nase hing immerzu ein schlonziger, graugrüner Riesenpopel. Grilönde hatte schreckliche orangene Haare mit einem weißen Ansatz, aus dem die Schuppen nur so rieselten. Außerdem war Grilönde dürr und lang und konnte einen mit ihren vier Armen so fest umkrallen, dass man dachte, keine Luft mehr zu bekommen. Als ob sich ein Ast mit seinen Zweigen um einen geschlungen hätte!

Freddie hasste Grilönde aus tiefstem Herzen, aber er hatte keine Ahnung, wie er sie wieder loswerden sollte. Grilönde kam nämlich überall mit hin.

Auf dem Klo sagte sie ihm, dass bestimmt gleich das Papier alle wäre und er sich unabgeputzt wieder anziehen müsse. Und dann würden ihn alle auslachen und die Nase rümpfen. Wenn er malte, sagte sie ihm, dass er es auch gleich lassen könne, niemand würde erkennen, was er zeichnete und alle anderen Kinder seien sowieso viel besser als er. Im Keller lockte sie die Staubflusen an und erklärte ihm, das sei Gespensterkacke, denn der Keller sei die Toilette der Geister und der Kleiderschrank in seinem Kinderzimmer ihr Zuhause. Und wenn Freddie mal für einen kurzen Augenblick vergessen hatte, dass in seinem Schrank Kellergeister lebten, raschelte Grilönde mit den Kleiderbügeln, um es ihm zu beweisen.

Sie erzählte ihm auch, dass die Schrankgeister im Moment Unterbettmonster zu Besuch hätten und er auf keinen Fall den Fuß aus dem Bett hängen lassen solle, denn die Lieblingsspeise der Unterbettmonster seien kleine, knubbelige Kinderzehen.

Grilönde schubste Freddie auch hin und wieder, einfach so, aus heiterem Himmel, sodass er hinfiel und sich weh tat, deswegen traute er sich schon lang nicht mehr, das Inlineskating nochmal zu probieren. Auf dem Schulweg versuchte Grilönde Freddie ständig auf den falschen Weg zu bringen, damit er zu spät zur Schule kam oder sich auf dem Heimweg verlief: Grilönde liebte dieses beklemmende Gefühl, das Freddie dann bekam, wenn er dachte, er würde nie wieder nach Hause zurückfinden.

Die schreckliche Grilönde redete Freddie auch ein, jemand könne in sein Zimmer einbrechen und alles kaputtmachen, während er in der Schule war, und sie sagte auch oft, dass bestimmt niemand dran denken würde, ihn abzuholen, weil alle ihn vergessen hätten, sodass er in der Schule würde schlafen müssen. Ganz allein. In dem großen Klassenzimmer. Ohne was zu essen.

Je schlechter Freddie sich fühlte, desto großartiger ging es Grilönde. Dann pfiff sie ein Liedchen in schrägen Tönen und kicherte hämisch. Mit der Zeit wurde Freddie immer kleiner und Grilönde immer größer. Deshalb hatte Freddie auch das Gefühl, dass Grilönde von seiner Angst lebte! Wenn er Bauchschmerzen bekam, schmatzte Grilönde nämlich zufrieden und fragte, ob er auch noch Kopfschmerzen bekommen könne. Oder Übelkeit, das schmeckte Grilönde ganz besonders. Und Freddie konnte gar nicht anders, als ihr den Gefallen zu tun.

Mit der Zeit hatte Freddie gar keine Lust mehr, mit seinen Freunden zu spielen, weil Grilönde ihm sagte, dass sie ihn sowieso nicht leiden könnten und ihn auch gar nicht mitspielen lassen würden, weil er ständig alles falsch mache und ein Spielverderber, Feigling, Angsthase und Doofmann sei. Zum Fußball wollte Freddie auch nicht mehr, weil Grilönde ganz genau wusste, dass er sowieso null Talent habe und viel zu langsam sei und sowieso nie in seinem Leben ein Tor schießen würde. So wurde Freddie immer trauriger und Grilönde immer fröhlicher. Und stärker. Bald passte sie kaum mehr in sein Zimmer, sie musste sich richtig zusammenfalten. Ihre widerlichen Haare hingen schon aus dem Fenster bis zum Gehweg hinunter.

Da kam eines Tages Opa zu Besuch.

Freddie hatte ihn schon lang nicht mehr gesehen, weil Opa zu einer langen Wanderung aufgebrochen war, um auf dem Weg ein wenig nachzudenken, denn sowas taten weise Menschen manchmal. Opa bemerkte deswegen auch sofort, dass mit Freddie etwas nicht stimmte.

»Wie heißt sie?«, fragte er ihn.

»Grilönde«, antwortete Freddie, weil ihm irgendwie gleich klar war, dass Opa ihn nach dem Namen seiner Angst gefragt hatte.

Opa beugte sich nach vorne, um unters Bett zu sehen.

»Aha«, sagte er. »Bestimmt hat sie dir erzählt, dass nachts hier ein Drache schläft?«

»Nein«, Freddie schüttelte den Kopf.

»Was dann?«, fragte Opa.

»Unterbettmonster«, erwiderte Freddie und Opa nickte verständnisvoll. Dann seufzte er tief und sah Freddie an.

»Ja, diesen Quatsch erzählen die Ängste einem immer. Das lernen sie auf der Angsteinjagschule in der ersten Klasse. Meine Angst hieß ... hm, ich weiß es gar nicht mehr ... Wenn sie erst mal weg ist, vergisst man sie zum Glück ruck, zuck. Nur WIE man sie losgeworden ist, das vergisst man nie. Denn das ist gleichzeitig der Schutz davor, dass sie wiederkommt.«

Freddie starrte seinen Großvater an. Niemals hätte er gedacht, dass Opa auch eine Angst gehabt haben könnte, denn Opa war doch so stark und freundlich und groß und mutig. Nicht klein und schüchtern wie er.

»Und wie ...?«, fragte Freddie.

»... ich sie losgeworden bin, die dumme Kuh?«, erwiderte Opa, und Freddie musste lachen.

Wow, er würde sich nie trauen, so etwas zu Grilönde zu sagen. Bestimmt plante sie jetzt schon die nächste Gemeinheit, da hinten, in der Ecke, wo sie sich unsichtbar gemacht hatte, solange Opa da war. Prompt begann Freddie zu zittern.

Da legte Opa seinen Arm um ihn und hielt ihn ganz fest. »Mein Junge«, sagte er, »ich verrate dir jetzt ein Geheimnis, aber das muss ich dir ins Ohr flüstern, damit deine Angst es nicht hört.«

Freddie nickte und kuschelte sich enger an Opa.

»Es gibt ein Gegenmittel«, erklärte Opa. »Aber man kann es nicht kaufen, man muss es von Ohr zu Ohr weitergeben. Und deshalb hat man davon in der Angsteinjagschule auch noch nie etwas gehört. Und das muss auch so bleiben, versprochen?«

Freddie nickte wie verrückt.

Dann begann Opa, ihm etwas hineinzuflüstern. Freddies Augen wurden immer größer. Als Opa fertig war, sah Freddie ihn unsicher an.

»Das ist wirklich alles?«, fragte er. »Und das funktioniert?«

»Probier es aus«, sagte Opa. »Es geht nicht von heute auf morgen, aber deine dummbeklopptbescheuerte Grilönde-mipönde-waschönde wird davon jeden Tag ein wenig mehr zusammenschrumpeln wie ein alter Luftballon. Und dann wird sie neben dir herlaufen, so miniklein, dass du aus Versehen fast drauftrittst, und wird versuchen, dir wieder irgendwelchen neuen Blödsinn einzureden, nur weil sie möchte, dass du genauso klein wirst wie sie. Und dann sagst du einfach: Hau ab, ich will dich nie wiedersehen! Oder sowas Ähnliches.«

»Verpiss dich, du alte Hexe!«, rief Freddie zur Übung und Opa lachte.

»Ja, das geht natürlich auch«, lobte er.

Und dann griff Opa in seine Hosentasche und beförderte einen kleinen Stein zutage, der aussah, als hätte jemand etwas mit einem weißen Stift draufgeschrieben.

»Mein Mutstein. Den habe ich damals von meinem Vater bekommen, denn er hatte auch eine Angst. Und er sagte, ich darf ihn weitergeben, wenn ich es für wichtig halte. Und ich halte es jetzt für wichtig.«

»Danke, Opa«, sagte Freddie und atmete tief durch. Plötzlich spürte er, dass in seinem Körper wieder irgendwie mehr Platz war.

Und dann ließen die beiden ihre Beine aus dem Bett baumeln, ohne Schuhe und Socken, und sie lachten, dass es nur so eine Freude war. Und als Freddie in die Ecke sah, war Grilönde tatsächlich schon ein ganzes Stück kleiner geworden.

Ende

Und nun seid ihr dran:

Ich habe mir wieder jede Menge Fragen einfallen lassen. Sie beziehen sich auf die Geschichte und auf deine und eure eigenen Ängste. Geht sie einfach gemeinsam durch und schaut, was sich daraus ergibt ... Ich drücke euch jedenfalls ganz doll die Daumen (und ich habe ja genug!), dass Folgendes geschieht: Sobald man über seine Ängste mit jemandem gesprochen hat, sind sie schon gar nicht mehr so groß, genau wie Freddie das bei Grilönde auch gemerkt hat. Also los:

WAS FÜHLST DU? WAS FÜHLE ICH?

FRAGEN AN DICH:

- Was glaubst du, was Opa Freddie ins Ohr geflüstert haben könnte?
- Was würdest du an Freddies Stelle als Erstes tun, damit Grilönde noch ein wenig kleiner wird?
- Welches Verhalten von Freddie könnte Grilönde endgültig verscheuchen und warum?
- Was darf Freddie auf keinen Fall machen, damit Grilönde nicht wieder mächtig wird?
- Könnte dir das, was Freddie gegen Grilönde unternimmt, auch gegen deine Angst helfen?
- Warum meinst du, tut es Freddie gut, mit jemandem über Grilönde zu reden?
- Was bedeutet Opas Mutstein für Freddie? Wie kann er ihm beim Kampf gegen Grilönde helfen?
- Wie fändest du die Idee, auch einen Mutstein zu haben?
- Wie hast du auch schon mal eine Angst besiegt? Wie hast du dich davor, dabei und danach gefühlt?
- Hast du auch schon mal jemandem einen Tipp gegeben, wie er oder sie eine Angst besiegen könnte?
- Gibt es etwas, worin du mutiger oder weniger ängstlich bist als andere? Von welchen Ängsten hast du schon mal gehört?
- Wenn du eine Fee bitten dürftest, eine Angst wegzuzaubern, welche wäre das?
- Wie sieht deine Angst aus, hat sie einen Namen oder eine Farbe
- Kennst du jemanden, von dem man nie glauben würde, dass auch sie oder er sich vor etwas fürchtet?

FRAGEN, DIE DU DEINEN ELTERN STELLEN KANNST:

- Ist es Erwachsenen peinlich, vor etwas Angst zu haben?
- Vor was habt ihr als Kinder Angst gehabt?
- Wie fühlt sich Angst für euch an?
- Was war die größte Angst in eurem Leben, die ihr überstanden habt?
- Auf welchen Mut, den ihr als Kinder mal hattet, wart ihr damals besonders stolz?
- Konntet ihr früher mit jemandem über eure Angst sprechen?
- Warum warnen Erwachsene einen ständig vor tausend Sachen, wollen aber, dass man vor anderen tausend Sachen keine Angst hat?
- Ist es okay, manchmal feige zu sein?
- Warum ist Feigling und Angsthase ein Schimpfwort?
- Was würdet ihr euch NIEMALS trauen und warum nicht?
- Kann Mut auch mal falsch oder dumm sein?

FRAGEN, DIE IHR ALLE GEMEINSAM IN DER FAMILIE BESPRECHEN KÖNNT:

- Für welche Ängste hätte Grilönde auch noch sorgen können: Von welchen habt ihr schon mal gehört?
- Kann es wirklich sein, dass jeder vor irgendwas Angst hat, sogar so starke Leute wie Opa in der Geschichte?
- Sollen wir uns ein Gegen-die-Angst-Ritual überlegen?
- Für was habt ihr schon mal all euren Mut zusammengenommen?
- Wie sieht eure Angst aus, hat sie einen Namen oder eine Farbe?
- Kennt ihr jemanden, von dem man nie glauben würde, dass auch sie oder er sich vor etwas fürchtet?
- Kanntet oder kennt ihr jemanden, der vor etwas ganz Speziellem schlimme Angst hat oder hatte?

Ja, das werden schöne Gespräche, das hab ich in der Tinte ...

Seht mal, diesen schönen Spruch habe ich gefunden. Er fasst das ganze lange Kapitel wunderbar zusammen. Denn auch wenn es Mut nie ohne Angst gibt, so fangen mit Mut doch die schönsten Geschichten an. Vielleicht mögt ihr euch das Bild ausschneiden und irgendwo hinhängen, wo man die Botschaft immer mal wieder lesen kann ...

OH, MEIN SCHATZ, UND WAS, WENN DU FLIEGST?

FREUDE

»FREUDE, DAS WEIß MAN SCHON LANGE, IST WIE 'NE BRATKARTOFFELPFANNE – AM NÄCHSTEN TAG, FEIN AUFGEWÄRMT, MAN NOCH LANGE DAVON SCHWÄRMT …«, HABE ICH MAL IN EINEM VORLESEBUCH GEREIMT.

»WENN DIE FREUDE IN DER STUBE IST,
LAUERT DIE SORGE IM FLUR.«
DÄNISCHES SPRICHWORT

Eigentlich sollte dies ein Kapitelanfang voller Jauchzen und Frohlocken werden, wenn nicht gar mit Götterfunken, doch kaum ist man von fröhlicher Zuversicht erfüllt, scheint das Ungemach aus den Startlöchern zu schnellen, wie zum Beispiel auch dieses Sprichwort so spielverderberisch wie wortgewaltig daherkommt: »Freut sich die Henne zu sehr, schnappt ihr der Habicht das Küken weg.« Uff …

Lassen wir dennoch erst mal einfach alles beiseite, was sich unter Aberglaube, Schicksal oder Karma subsummieren ließe, und konzentrieren uns aus reiner, purer Freude auf das Gefühl an sich. Freude entsteht als Reaktion auf eine angenehme Situation oder Erinnerung. Freude zu erleben ist fantastisch und macht uns glücklich – und zwar alle Menschen dieser Welt, egal, unter welchem Regime und mit welcher Religion oder Philosophie sie aufwachsen und leben. Auch die Mimik der Freude ist kulturübergreifend identisch und erlernen müssen wir sie auch nicht, jeder Säugling ist von Geburt an fähig, Freude zu empfinden und zu zeigen.

Freude ist allgegenwärtig und äußert sich in vielfältiger Weise, von Sekundenglück bis Dauertaumel ist alles dabei. Manchmal ist zwar auch »des einen Freud, des anderen Leid«, was man aber wieder damit ausgleichen kann, dass »geteiltes Leid halbes ist« und »geteilte Freude die doppelte«. Wie man es auch rechnet, Freude »lohnt« sich immer, sodass ein mancher sie sich gar zum Prinzip macht: Freude zu empfinden, Freude in den kleinen Dingen zu entdecken und mit Dankbarkeit den Blick für Freudiges zu öffnen, gilt vielen als Lebenselixier schlechthin.

Freude beflügelt, motiviert, treibt an und lässt uns über uns hinauswachsen. Freude verleiht Energie und Kraft, auch im Kollektiv. Dieses Wir-Gefühl stärkt nicht nur die Gemeinschaft, sondern nachweislich sogar den Knochenbau. Ja, Freude ist sogar noch mehr, denn die beteiligten, gefühlsauslösenden Neurotransmitter und Botenstoffe wie Dopamin, Oxytocin und Endorphin wirken in ihrer euphorisierenden Form wie körpereigene Drogen.

Freude signalisiert uns, dass eines unserer Bedürfnisse erfüllt wurde – ohne eine solche Rückmeldung wiederum wären wir schwerlich in der Lage zu lernen, welche Handlungen uns guttun und welche wir als sinnvoll und wertschöpfend empfinden. Freude ist in ihrer ursprünglichen Form kommunikativ, offen, sich mitteilend, sie möchte geteilt werden, auch wenn es oftmals gerade die stillen Freuden sind, die einem den Tag retten.

Lächeln ist sogar ansteckend, kaum jemand schafft es, einen freundlichen Blick nicht mit einer sich aufheiternden Miene zu erwidern und schwups, anfallsartig ebenfalls eine Spur Freude zu empfinden. Es sind die Spiegelneuronen, die diesen wunderbaren Kreislauf in Gang gesetzt haben und den ein unbekannter Autor so zusammengefasst hat:

You smile at one,
He smiles at you,
And so one smile
makes two.

Zusammengefasst: Unsere Freude erzeugt einen entsprechenden Gesichtsausdruck, der beim Gegenüber ein damit übereinstimmendes Gefühl hervorruft, was dann wiederum uns erfreut, wenn wir das Lächeln in seinem Gesicht bemerken – welch einzigartige Wechselwirkung!

Anders als negative Emotionen, die stets von spezifischen körperlichen Reaktionen sowie einer Verengung des Handlungsspielraums durch Fokussierung auf die unmittelbare Problemlösung begleitet werden, gilt Freude als Toröffner zu unserer Wahrnehmung: Je besser, zufriedener, entspannter und gelöster wir uns fühlen, desto offener, zugänglicher, neugieriger und aufmerksamer agieren wir. Freude vermittelt einem das Gefühl, als bestünde eine besondere Bindung zwischen sich und der Welt – man fühlt sich so herrlich im Einklang, ist frei und ganz yeah, Baby ... In einem solchen, einzigartigen Flow zu sein, beschert uns ein unvergleichlich tiefes Gefühl der absoluten Zufriedenheit. Die reinste und bedeutendste Form dieser Freude erlebt Umfragen zufolge derjenige, welcher erfolgreich eine soziale oder kreative Tat vollbracht hat, die er, völlig ohne geplantes Ziel, sich oder jemandem damit Freude zu bereiten oder etwas Gutes zu tun, einfach GETAN hat.

Seit Jahrhunderten schon machen sich Philosophen, Psychologen, Theologen und Soziologen Gedanken über den Sinn und Zweck des menschlichen Daseins. Die Auseinandersetzung mit dem Konzept der Freude als Äquivalent des Glücks ist ein wesentliches Element der menschlichen Existenz und heute aktueller denn je: Selbst Länder werden auf offiziellen Glücksskalen gerankt, da das erreichte Niveau eine relativ präzise Aussage über deren volkswirtschaftliche Produktivität zulässt – glückliche Menschen arbeiten effektiver, haben stabilere Bindungen und Beziehungen, sind gesünder und widerstandsfähiger, optimistischer und altruistischer.

Aber nicht nur das Nachsinnen über die persönliche Lebensführung oder die Entscheidung für eine gewisse Geisteshaltung bringen uns irgendwann im Laufe der Zeit (möglicherweise häufiger zur späteren Stunde nach einem oder sehr wahrscheinlich mehreren Gläsern Rotwein) dazu, unsere Haltung zur Freude und dem ganzen Drumherum zu sortieren. Denn ebenso wie das Erleben von freudigen Momenten und Augenblicken ungefähr so gesund ist wie ein paar Fastentage oder eine Waldwanderung, so ist sein Fehlen Quelle, Ursache und Ausgangspunkt zahlreicher Erkrankungen. Es ist nichts Neues, dass es sich bei der Unfähigkeit, Freude und Interesse an ursprünglich oder ehemals als angenehm empfundenen Tätigkeiten zu verspüren, um ein wichtiges diagnostisches Kriterium bzw. Symptom bei depressiven Störungen handelt.

Manch einer wird also zu dem Schluss kommen, dass sich ein wenig mehr Freude in seinem Leben als durchaus erstrebenswertes Ziel erweisen könnte. Aber kann man Freude und gute Laune wirklich lernen? Kann man sich als Kellerlacher oder Glas-halb-leer-Pessimist ein solches Gefühl womöglich antrainieren? Der Ansatz ist gut, doch leider ist es auch mit dem Antrainieren von Freude ähnlich wie mit dem Selbstkitzeln: Es will nicht funktionieren. Aber man kann etwas anderes trainieren, um einen ähnlichen Effekt zu bewirken, nämlich, sich auf seine menschlichen Tugenden oder Grundkräfte zu konzentrieren: Dankbarkeit, Vergebung, Nächstenliebe, Optimismus, Gelassenheit, Achtsamkeit, Vertrauen, Solidarität, Spiritualität und viele mehr – man muss sich seine Zutatenliste ganz persönlich zusammenstellen.

Weshalb gibt es aber sogar Menschen, die manchmal geradezu Angst davor haben, Freude zu erleben oder zuzulassen, weil sie den Raubvogel schon über ihren Küken kreisen sehen? Anders gesagt: Manche spüren, je mehr Gutes ihnen widerfährt, eine umso größere, tief in ihrem Inneren grummelnde, ungute, unspezifische Angst vor keine Ahnung, was. Die Folge: Man fühlt sich dauerhaft irgendwie eigentlich glücklich, aber .... Kennen Sie so jemanden auch?

Ach, SIE sind das sogar?

Aber ist das nicht total, nun ja, bescheuert? Es geht Ihnen *eigentlich* super, *aber* Sie erlauben sich den Genuss dieser Zufriedenheit nicht? Sie machen also ernsthaft eine Glücks-Diät, bei der Sie einfach alles dürfen außer Glück erleben? Hört sich ganz schön seltsam an …

Ist es aber nicht!

Wirklich nicht!

Sie sind mal wieder normaler, als Sie gedacht haben – das ist die gute Nachricht. Und die noch bessere ist, dass dieses Phänomen gar nicht so unbekannt ist, es gibt nur kaum jemand zu, so zu denken. »Cherophobie« nennt man eine solche Grundhaltung und schon haben wir es sogar im Kapitel über die Freude geschafft, ihr ebenfalls eine düstere Seite abzuringen.

Haben Sie auch öfter solche Gedanken? »Wenn es mir gut geht, folgt zum Ausgleich bestimmt etwas sehr Schlimmes«; »Auf Glück folgt Unglück«; »Ich habe so viel Glück gar nicht verdient.« Solche Empfindungen sind gar nicht so verwunderlich, denn genauso wie man Freude an der Angst empfinden kann, geht es nämlich auch umgekehrt, und wir verspüren Angst vor der Freude. Der Hintergrund: Die entsprechenden Reaktionen gehen neurologisch gesehen so schnell vonstatten, dass im ersten Moment gar nicht zwischen positiver und negativer Aufregung unterschieden wird. Im Gehirn entsteht also eine Art Verwechslung. Noch dazu macht uns generell unsicher, was uns aus unserer gewohnten Wohlfühl-Gefühlslage herausreißt – die Meldung des Gehirns lautet entsprechend: »Kenn ich nicht so sehr gut, deshalb lieber aufpassen!« In der Folge werden wir unsicher und genießen unser Glück mit einer gewissen Vorsicht. Schließlich, nach einer bräsig-behäbigen Pause, schaltet sich nun unser Intellekt in die Situation. Und ebenso wie wir für schwierige Situationen gut erprobte Mutmacher anwenden (»Alles wird gut!«), tun wir das auch unterbewusst oder mit voller Absicht in umgekehrter Richtung: »Bald geht's ganz bestimmt wieder bergab.«

Der Sinn dahinter ist, sich auf den Worst Case vorbereiten zu können, damit man dann nicht allzu enttäuscht ist, wenn es tatsächlich so kommt wie befürchtet. Aber leider tut es das so oder so, das Leben ist nun mal ein Auf und Ab, und genau aus diesem Grund zementiert sich der oben beschriebene dysfunktionale Glaubenssatz völlig automatisch, tiefgreifend und schwer widerlegbar, wie es selbsterfüllende Prophezeiungen nun mal so an sich haben.

Dummerweise geht es einem in diesem Moment mit einer solchen Strategie ja gut, sonst würde man sie nicht anwenden. Trotzdem ist es natürlich eine ziemlich dämliche Falle, in die man sich da hineinmanövriert: Wir bremsen unser Glücksempfinden, obwohl es doch so wichtig ist, in schwierigen Zeiten davon zu zehren, um aus glücklichen Erinnerungen Kraft zu schöpfen. Ein bisschen ist das wie mit dem Vitamin-D-Haushalt: Es wäre wirklich kurzsichtig, sich im Sommer vor dem Sonnenschein zu verstecken, weil es im Winter ja eh nicht so viel davon gibt. Denn gerade in dunkleren Zeiten benötigen wir den Vorrat aus Vitamin gewordenen Sonnenstrahlen. Schade, dass wir wirklich Kraft unserer Gedanken in der Lage sind zu verhindern, dass sich kostbare Gedankenspuren des Glücks in uns niederlassen und unser Glücksarchiv bereichern. Es ist schließlich schon schwierig genug, sich das Schöne im Leben nicht von äußeren Umständen verderben zu lassen, man sollte wirklich nicht auch noch sein eigener Freude-Feind sein! Immerhin ist die Fähigkeit zum Glücklichsein zur Hälfte angeboren. Ist es also wirklich so klug, sich den Rest durch destruktive Denkmuster und Selbstsabotage zu vermiesen? Vielleicht sollte man den Tag einfach öfter mal sowas von schon VOR dem Abend loben! Es liegt ganz bei Ihnen!

Machen wir weiter mit der größten Freude Ihres Lebens: Ihrem Kind.

Auch wenn dieser kleine Freudling es in sich hat: Er lässt Sie vor Glück weinen, vor Erschöpfung heulen, vor Staunen erschauern, vor Schlaflosigkeit schielen und vor Dankbarkeit verstummen. Er bringt Sie dazu, vor lauter Hilflosigkeit das Falsche zu tun und sich anschließend vor Beschämung scheußlich zu fühlen. Er lässt Sie vor Seligkeit grinsen, vor Stolz explodieren und vor Sorge beinahe durchdrehen, und das alles gerne innerhalb nur eines einzigen Vormittags. Und trotzdem oder vielleicht gerade deshalb sind unsere Kinder die größte, ursprünglichste, tiefste und herzspitzenkitzeligste Freude unseres Lebens.

Egal also, wie stressig sich die nächsten zwanzig Jahre gestalten werden, Ihre Freudlinge werden Ihrem Leben einen tieferen Sinn geben – und das ist wie Freude und Glück hoch zwei, nur noch besser!

Aber finden die Kleinen uns auch so toll wie wir sie? Ganz automatisch, direkt nach dem Schlüpfen, einfach, weil es unsere Grinsegesichter sind, die da plötzlich ständig mondgroß über ihnen schweben und diese begeisterten hellplätschernden, gurrenden Glückslaute ausstoßen? Zumindest das Lächeln ist angeboren, schon wenige Stunden nach der Geburt zeigen Säuglinge dem Grinsen ähnliche Gesichtsbewegungen, die sich in den folgenden Wochen zu einem erkennbaren Lächeln auswachsen, ausgelöst durch bekannte Geräusche oder hohe, menschliche Säuselstimmen. Im Kind beginnt sich in der Zeit nach der Geburt eine Art Grundtonart auszubilden, die die zukünftige Melodie seines

Gefühlslebens bestimmen wird. Schon in der fünften Lebenswoche schenkt Ihnen kein Baby mehr automatisch ein Lächeln, wenn zur freundlichen Stimme keine ebensolche Gesichtsveränderung gezeigt wird. Ihr Käferchen beginnt, Stimme und Mimik miteinander zu verknüpfen. In der Folge erlebt sich das Baby durch und in Ihrer babygerechten Kuschelstimmenansprache, über die Menschen ohne Kinder oder Haustiere gerne mal milde lächeln. Dies wiederum erzeugt im Kind das Gefühl, dass es der Auslöser für diese Freude ist, was sein zukünftiges Selbstverständnis entscheidend mitprägt.

Ab dem zweiten Monat lächelt Ihr Baby spontan, einfach so, ohne dass Sie es erst dazu animieren müssen. Ein solches soziales Lächeln verschenkt es zunächst an jeden, erst mit vier oder fünf Monaten kann es das Gesicht seiner Bezugsperson von anderen unterscheiden. Ab diesem entscheidenden Zeitpunkt muss ein für das Baby Fremder ziemlich viele Faxen machen, um ein Lächeln gewährt zu bekommen.

Je älter das Baby wird, desto häufiger lacht es und springt darauf an, wenn Sie es mit Ihrer zwitscherigen Schmusestimme ansprechen, auf den Bauch küssen, die Fußsohlen abbusseln oder Guckguck-da! und Ja-wo-ist-denn-Spiele veranstalten. Und was macht Ihr Baby und später Ihr Kleinkind während dieser Lachspiele noch, außer sich köstlich zu amüsieren? Es lernt und verfestigt: Verhaltenssteuerung, Motivation, Reiz-Reaktions-Schemata, Bindung. Außerdem wird in solchen Situationen ebenso sein grundlegendes Humorverständnis geprägt: Je mehr Ihr Kind seinen Sinn für Spaß ausprägen darf, desto empfänglicher ist es tatsächlich später in seinem Leben für Humor. Diese auf Lachen und Freude ausgelegte Interaktion mit Ihrem Nachwuchs wird auch als »Freudezirkel« beschrieben. Wissenschaftler sprechen von mehr als dreißigtausend solcher kreisförmiger Freudereaktionen zwischen Eltern und Kind in den ersten sechs Lebensmonaten! Deshalb: Lassen Sie Ihren Freudengefühlen freien Lauf! Knuffelschnuffeln und wubbelknibbeln Sie sich ratzeratzeribbeldirumms gemeinsam mit Ihrem supergoldigwoldigsüßen Stinkefüßchenmauseschatz von einem Lachflash zum nächsten, wer hätte gedacht, dass die sogenannte Babysprache, die vom Tag der Geburt an ohne Ende aus Ihnen herausströmt, von so entscheidender Bedeutung ist? Schämen Sie sich also nicht, sondern genießen Sie es, diese Zeit ist im Nachhinein betrachtet sowieso nur ein Blinzeln lang.

Und obwohl sich viele Eltern noch ganz genau daran erinnern können, was das für wunderbare Momente waren, in denen ihr Kind nur durch das Herumwedeln eines wabbeligen Gummifrosches oder das Zerreißen von Papier so derart zum Lachen zu bringen war, dass man meinte, es bekäme gleich keine Luft mehr, passiert es dennoch, dass einem diese alberne Leichtigkeit irgendwann abhandenkommt. An ihre Stelle treten Digitalisierung, Optimierung, Leistung, Schnelligkeit und die vage Befürchtung, das eigene Kind könne den Anschluss verpassen, wenn man es nicht rund um die Uhr fördert. Schließlich können Sie es kaum vor sich verantworten oder rechtfertigen, Ihr Kind außen vor zu lassen und beispielsweise nicht bei zahlreichen Kursen anzumelden, wenn alle anderen aus Ihrer Vergleichsgruppe es auch tun. Vertrauen Sie auf Ihr Bauchgefühl: Was braucht Ihr Baby dringender als Babytauchen oder Mandarin für Säuglinge?

Natürlich können Sie solche Kurse buchen, sie taugen bestimmt auch gut als Anekdote, aber die traurige Wahrheit sieht oft anders aus. Workshops, Seminare, Frühförderkurse überrollen uns mit Angeboten, die Druck machen. Kritisch wird es, wenn Ihnen diese Kurse selbst überhaupt keinen Spaß machen und rein der Förderung Ihres Kindes dienen sollen. Wenn das Kind älter ist, bleibt immerhin noch die weitaus bequemere Möglichkeit, nur als Liefertaxi zu fungieren und ein vor Erschöpfung graues Maulmonster von Termin zu Termin zu chauffieren.

Vielleicht können Sie mit folgender Überlegung etwas anfangen: Wenn Sie an Ihre eigene Kindheit zurückdenken, welche Momente und Augenblicke haben Sie damals mit einem tiefen Glücksgefühl erfüllt ...? Unbemerkter, als man manchmal denkt, passiert es im stressigen Alltag nämlich, dass man diese kleine, quasi noch nicht ausgehärtete Kindsperson, aus lauter guten, wohlmeinenden Gründen zwar, aber dennoch, zum Objekt seiner eigenen Vorstellungen, Bewertungen und Maßstäbe macht und infolgedessen über das Ziel hinausschießt oder die echten Bedürfnisse des Kindes nicht wahrnimmt oder wahrnehmen will. Wie banal es sich doch anhört, an dieser Stelle für ein gesundes Mittelmaß zu plädieren und dafür, Entscheidungen auch mal kritisch zu hinterfragen. Deshalb gebe ich Ihnen den Appell mit auf den Weg, den mir meine eigenen Kinder so oft um die Ohren hauen: »Chill mal, Mama!«

Lassen Sie uns versuchen, ein »Basis-Grundrezept« für eine gelungene, nahrhafte und glückliche Kindheit, genannt GlüKi zusammenzustellen. Bitte ergänzen Sie es nach Herzenslust mit Ihren eigenen Erfahrungen, wichtigen Infos und Hinweisen. Das Original oder eine Kopie davon schenken Sie dann Ihrem eigenen Kind, wenn es das erste Mal Mutter oder Vater wird, damit es selbst das Rezept weiter verbessere!

GRUNDREZEPT GLÜKI

Für eine GlüKi, in der Ihr kleiner Schatz mit allem versorgt ist, was er für den Aufbau einer zuversichtlichen Weltsicht, von Bindungsfähigkeit, Empathie und einem stabilen Selbstwertgefühl braucht, benötigen Sie folgende Grundzutaten:

LIEBE

Reichlich und haufenweise. Aber nur die von der bedingungslosen Sorte. Die andere von der Marke »Nur wenn du, dann …« ist zwar billiger, aber hochgradig gesundheitsschädlich. Die bedingungslose Liebe gibt es in den Sorten Umarmung, Berührung, Gesten, Kuscheln, zärtliche Worte, Vertrauen, kleine Zettelbotschaften, Komplimente, Abenteuer, Anerkennung und vielen weiteren.

SPIEL

Eines der empfehlenswertesten ist ganz klar das selbstgemachte. Der gekaufte Spielspaß (Handy-Apps, Tablet, Ballettstunden, Fußballtraining …) ist toll, aber nur die eine Seite der Medaille. Richtig glücklich macht die Abwesenheit von kreativer Einschränkung: wenn Kinder sich ausprobieren, wenn sie ihre angeborene Entdeckerfreude und den unbändigen Erforschungs- und Erkundungsdrang ausleben dürfen. Dem Kind Zeit zum freien Spiel zu lassen, sollte einem eine ähnlich selbstverständliche und wichtige Verpflichtung wie zwei Mal täglich Zähneputzen sein. Na, fühlen Sie sich angesprochen, bei Zahnhygiene kennen Sie nämlich nichts? Da arbeiten Sie mit lustigen Timern, bunten Sanduhren, sprechenden Zahnbürsten, prinzessinnrosa oder monstergrüner Glitzerpasta, Hauptsache, es wird geputzt? Nehmen Sie das freie Spiel genauso ernst, dabei geht es sogar um die Gehirnentwicklung, nicht *nur* um Milchzähne.

BEWEGUNG

Wenn verschiedene Bewegungsarten im Angebot sind, haben sich jene bewährt, die draußen vorkommen. Wo Bäume und Dreck und Wasser mit dabei sind. Matsch ist auch gut. Legen Sie auch Bewegung an Klettergerüsten, mit Bällen, Einrädern und Skateboards mit in den Einkaufskorb. Überhaupt alles mit Rollen oder Reifen. Und diejenige Bewegung, wofür man Muckis braucht. Und Balance. Bewährt hat sich auch jene, bei der Kinder laut sein dürfen, rufen und brüllen, außer Atem kommen und richtig schmutzig werden. Umso geduschter, hungriger, ausgeglichener und zufriedener ist Ihr ausgepowerter Schatz dann nämlich daheim!

ICH WILL SELBER! ICH WILL SELBST!

Eine anstrengende Zutat. Denn die fügt Ihr Kind hinzu. Selbst machen, selbst ausprobieren, selbst erfahren – selbst, selber, am selbstigsten. »Jeyber!«, hat meine Tochter das genannt, als ihr die S und die Ls noch gefehlt haben. »Erst ich, dann du«, habe ich ihr geantwortet, die Sache einmal langsam vorgemacht und erklärt und sie es dann jeyber machen lassen. Ob das wohl gut geht? Nur *Mut*! (Das Kapitel dazu haben Sie ja schon gelesen …)

LACHEN

Kippen Sie eimerweise Lachen hinzu! Eine genaue Abmessung ist nicht nötig, eine Überdosierung nur schwer zu erreichen.

REDEN

Also das andere Reden. Nicht die abertausenden mehr oder weniger notwendigen Worte, die man pro Tag so von sich gibt, sondern jenes Reden, welches man beim Problemlösen und beim Gefühleteilen verwendet.

RITUALE UND BESTÄNDIGKEIT

Für Ihr Kind ist Zeit eine völlig unkalkulierbare, komplett unwichtige Größe.

Für Sie ist Zeit alles.

Schaffen Sie Ankerpunkte im unübersichtlichen Alltagsmeer, umso besser lernt Ihr Nachwuchs sich zu orientieren und zu strukturieren. Ihre Beständigkeit schafft Sicherheit und Grundvertrauen.

AUGEN ZU UND DURCH

Schwierig zu bekommen. Gibt es nur im gut sortierten Fachhandel. Wenn vorhanden, dann auf Vorrat kaufen und bereits beim kleinsten Anzeichen von schwierigen Entwicklungsphasen und aufreibenden Situationen anwenden. Dosierung nach Bedarf.

EINE HANDVOLL GRENZEN, ZWEI, DREI WARNSCHILDER UND EINE PRISE NEINS

Aber von allem die Guten, nicht die unüberwindbaren, felsenfesten, strafenden und demütigenden. Sondern die, die Sicherheit geben, Geborgenheit schenken, Orientierung bieten und fürsorglich sind. Die begründeten, nicht die Weil-ich-es-Sage. Diejenigen Grenzen, Neins und Achtungs, die aus Argumenten, nicht aus Macht bestehen. Auf magische Weise verwandelt sich so manch supergemeines Verbot in das (heimliche, niemals zugegebene, wohltuende) Gefühl, seinen Eltern wichtig zu sein.

VORLESEN

Am liebsten zur Guten Nacht. Wirklich, nur noch ein Kapitel. Okay, fünf Seiten. Drei. Aber wenigstens noch diese Seite fertig, ja, biiittteee!

So schaffen Sie nicht nur Geborgenheit, sondern auch einen perfekten Start zum Lesenlernen: Fast dreihunderttausend Wörter haben Kinder im Kindergartenalter bereits gesammelt, denen regelmäßig vorgelesen wird. Gleichaltrige, denen nie vorgelesen wird, kommen nur auf knapp fünftausend Vokabeln.

Eine Prise Langeweile aushalten und eine Messerspitze Vorfreude schüren

Sehen Sie Langeweile als eine Form von Muße und verkneifen Sie sich hektischen Aktivismus, auch wenn gelangweilte Kinder im Nörgelmodus einen unbestritten sofort spontan ärgerlich machen. »Sei froh, dass du noch Zeit hast, dich zu langweilen«, nölt der Neid in Ihrem Inneren oder »Nerv mich nicht, du hast acht Trillionen Spielsachen«, bollert Ihre schlechte Laune hoch.

Mein Tipp: Halten Sie's einfach aus! Nehmen Sie ein paar Tropfen Augen-zu-und-Durch ein und lassen Sie sie langsam im Mund zergehen. Der Satz: »Echt, dir ist langweilig? Hm … Okay, was könntest du dagegen tun?« kommt Ihnen dann viel leichter über die Lippen.

Langeweile ist wichtig! Sie entsteht, wenn Stress, Taktungen und Dauerbeschäftigung wegfallen. Wenn Ruhe einkehrt. Wenn es stiller wird. Lassen Sie Ihr Kind die Erfahrung machen, dass es diese Leere aus eigener Kraft füllen kann. Daraus können die kreativsten Spielideen entstehen. Und hey, was für eine tolle Leistung, selbst und ganz allein herausgefunden zu haben, mit was man sich jetzt gerne beschäftigen würde!

Ganz ähnlich verhält es sich mit dem Erfüllen von Wünschen. Vorschlag: Verschludern Sie öfter mal Ihren Feenzauberstab oder sehen Sie demonstrativ in Ihren leeren Ärmel, aus dem sich nicht alles sofort und auf Kommando herausschütteln lässt. Auch wenn's anstrengender ist, doch auch aus Vorfreude lassen sich die schönsten Geschichten spinnen.

ZUBEREITUNG:

Mischen, manschen, rühren und kneten Sie aus oben genannten, jederzeit zu ergänzenden Zutaten Ihr eigenes Familienrezept für GlüKi zusammen. Und vergleichen Sie es nicht mit anderen – es gibt auf der Welt nicht zwei gleiche Rezepte!

Nur damit der Teig auch aufgeht, benötigt jeder exakt dasselbe Triebmittel: ganz viel **Herzenswärme.**

FRAU PROF. SCHLAU-MEIERS FREUDEGESCHICHTE

Kindeeer, kommt in meine Arme, ich habe ja genug! Hier kommt meine Freude-Geschichte. Anschließend gibt es diesmal keine Fragen zu bequatschen, sondern einen Fragebogen auszufüllen, ganz ähnlich wie in einem Freunde-Album. Und wenn du nach langer Zeit mal wieder in dieses Buch siehst, kannst du nachlesen, was du damals über die Freude in deinem Leben geschrieben hast.

IDA DENKT ÜBER GLÜCK NACH

In der Schule hat Ida heute eine Menge gelernt. Sie haben in der Klasse über Gefühle gesprochen: Wo sie herkommen, wie sie heißen und wer welche wann hat.

Das war spannend und anstrengend zugleich. Komisch eigentlich, dass man über etwas, was man nur spürt, so viel reden und erzählen kann.

Zuerst haben sie über Traurigkeit gesprochen. Das fand Ida nicht so toll. Einmal musste sie sogar weinen, als Ben erzählt hat, wie sein Meerschweinchen Chilly gestorben ist. Danach scheuchte Frau Sperling alle eine

Runde über den Hof, ohne Jacke und Mütze. Zum Auslüften, hat sie gesagt. Hinterher bekam jeder eine Handvoll Gummibärchen, weil Frau Sperling total stolz auf die Klasse war. Über seine traurigen Gefühle zu reden ist nämlich ziemlich mutig, erklärte sie ihnen.

Zum Ausgleich wurde es dann richtig lustig. Freude gehört nämlich auch zu den Gefühlen, und darüber zu reden hat allen riesigen Spaß gemacht.

Zum Thema Gefühle gab es auch Hausaufgaben und auf die freut sich Ida jetzt richtig. Sie hat zwar das ganze Wochenende Zeit, sie zu erledigen, aber sie will trotzdem heute schon direkt nach der Schule damit anfangen.

»Ich geh Hausaufgaben machen«, verkündet Ida und flitzt in ihr Zimmer, kaum dass Mama und Papa die Haustür aufgeschlossen haben. Freitags holen die beiden sie oft gemeinsam von der Schule ab, darauf freut sich Ida dann auch schon immer den ganzen Tag.

»Wow!«, rufen Mama und Papa beeindruckt von so viel Fleiß.

Ida holt ihren Hefter aus dem Ranzen und streicht das Papier der Doppelseite glatt, die jeder von Frau Sperling bekommen hat.

Glücksmomente-Liste von ______________________

steht darüber und Ida schreibt ihren Namen auf die leere Linie. Darunter hat die Lehrerin Fragen aufgeschrieben und kleine Bilder mit Strichmännchen dazu gezeichnet. Nach jeder Frage ist eine Menge Platz auf dem Papier, zum Schreiben, Malen oder Kleben.

»Mit welcher Frage fang ich an?«, murmelt Ida und liest sich alle nochmal ganz genau durch.

WELCHES WAR DEIN SCHÖNSTES ERLEBNIS IN DEN LETZTEN TAGEN?

ÜBER WELCHE WINZIGE KLEINIGKEIT HAST DU DICH GEFREUT?

WEM HAST DU ZULETZT EINE FREUDE GEMACHT UND WOMIT?

WEM WILLST DU EINMAL DANKE SAGEN UND WARUM?

MACHE BIS MONTAG JEMANDEN GLÜCKLICH;
ERZÄHLE, WAS DU GEMACHT HAST ...

WELCHE SACHE, DIE DIR FREUDE MACHT, WIRST DU AM WOCHENENDE TUN?

WELCHE SACHE, DIE DU GERN TUST, HAST DU SCHON LANG NICHT MEHR GEMACHT?

WENN DU ZWISCHEN SONNTAG UND MONTAG EINEN ZUSÄTZLICHEN TAG HÄTTEST, NENNEN WIR IHN DOLLTAG, FÜR WAS WÜRDEST DU IHN AM DOLLSTEN VERWENDEN?

WOFÜR BIST DU DANKBAR?

WELCHE SACHEN MÖCHTEST DU UNBEDINGT NOCH LERNEN?

WORÜBER HAST DU ZULETZT SO RICHTIG HEFTIG GELACHT?

WAS IST DEIN GROßER TRAUM?

WAS WÜRDEST DU TUN, WENN DU EINEN GANZEN TAG ALLES MACHEN DÜRFTEST, WOZU DU LUST HAST?

»Hm …« Ida stützt den Kopf auf die Hände. »Was würde ich tun …?« Natürlich hat sie tausend Einfälle, Schwimmbad oder Jahrmarkt oder Schlittschuhlaufen oder Eisessen … »Am besten alles zusammen«, murmelt sie und zieht einen Stift aus dem Mäppchen. »Hm …«, sagt Ida wieder und klopft sich mit dem Stift gegen die Nase. Dann legt sie ihn wieder beiseite und holt ihre guten Holzstifte aus der Schublade. Die mit dem Glitzer drin, für die ganz besonderen Bilder. Und dann malt sie in die freie Fläche unter der Frage ihre Antwort …

Ende

Und das, meine Lieben, dürft ihr nun genauso machen wie Ida. Bestimmt habt ihr die freien Zeilen unter den Fragen schon bemerkt. Hier dürft ihr eure Gedanken eintragen. In Wahrheit sind Idas Hausaufgaben nämlich eure. Blättert also nochmal zurück und beantwortet die Fragen von Idas Lehrerin. In den freien Platz darunter könnt ihr eure Antworten schreiben oder malen. Wenn er nicht reicht, legt einfach ein Zusatzblatt mit ins Buch. Und hier habt ihr noch eine ganze Seite für euer Bild von eurem Dolltag:

EKEL

EIN COWBOY KOMMT IN DEN SALOON UND SAGT: »ZEHN DOLLAR FÜR DEN, DER EINEN SCHLUCK AUS DEM SPUCKNAPF NIMMT!« EIN COWBOY HEBT DEN SPUCKNAPF HOCH UND TRINKT IHN IN EINEM ZUG LEER. DER ERSTE COWBOY ZAHLT IHM DAS GELD UND MEINT: »RESPEKT, ABER ICH SAGTE DOCH, NUR EINEN SCHLUCK!« DARAUF DER ANDERE: »ICH WEIß, ABER ES IST NICHT ABGERISSEN …«

»HERR, GIB MIR DIE KRAFT UND DEN MUT, MEIN HERZ UND MEINEN KÖRPER OHNE EKEL ZU BETRACHTEN.«
CHARLES BAUDELAIRE

Ekel ist nicht nur eine sehr starke Emotion, die sich auf die allseits bekannte Abscheu vor allerlei Widerlichem bezieht, sondern, und das mag einem gar nicht so geläufig sein, gilt auch als wichtige Grundlage unserer Moral(-vorstellung). Und die kann sich richtiggehend und im wahrsten Sinne des Wortes auch vor abstrakten Dingen ekeln, wie Hinterhältigkeit, Diskriminierung, Erniedrigung, Folter, Vergewaltigung oder Nekrophilie. Diese und viele weitere ähnlich geartete Verhaltensweisen und Aussagen werden von Versuchspersonen tatsächlich als »eklig« empfunden.

Doch wie kann das sein? Ist die Benennung der gefühlten Abscheu mit dem Wort »Ekel« hier überhaupt zutreffend? Tatsächlich haben Untersuchungen im MRT gezeigt, dass oben beschriebene Abscheulichkeiten dieselben Gehirnareale aktivieren wie »normaler« Ekel, z. B. gegen Maden, Eiter, Gestank usw. Gleichzeitig zeigte sich der präfrontale Kortex weniger aktiv, jenes Gehirnareal, das eine Hauptrolle im sozialen Miteinander spielt. Für Forscher ist dies eine Erklärung dafür, warum auch Außenseitergruppen wie Obdachlose oder Drogenabhängige von manchen als eklig oder gar unmenschlich wahrgenommen werden. Umgekehrt lässt sich so ebenfalls erklären, warum Ekelgefühle sich leider so gut instrumentalisieren lassen: Die Entmenschlichung vermuteter Gegner durch die Propaganda totalitärer Regime zieht sich durch die Jahrhunderte – Verfolgte werden als Ungeziefer, Parasiten, Zecken, Würmer, Kakerlaken oder Schädlinge bezeichnet. Wer Ungeziefer ausrottet oder Säuberungsaktionen durchführt, begeht keinen Mord. Ein Konstrukt, das Tätern mannigfaltig als Schuldentlastung für Massentötungen und Genozid dient(e).

Der Gesichtsausdruck beim Empfinden von Ekel ist kulturübergreifend deutbar und in der Regel unmissverständlich, gerade weil das zur Grimasse verzerrte Gesicht nicht nur Mimik ist, sondern, im Angesicht potentiell ekelauslösender Substanzen, eine physiologische Funktion erfüllt: Augen und Nasenlöcher verschmälern sich, damit so wenig wie möglich schädliche Stoffe eingeatmet oder auf die Schleimhäute gelangen können. Was dennoch eindringt, bekommt es anschließend mit dem Immunsystem zu tun: Ausgeklügelte Abwehrstrategien versuchen, Viren, Bakterien, Parasiten und andere potentiell krank machende Substanzen unschädlich zu machen.

Doch gehen wir nochmal zwei Schritte zurück: Ekel setzt nämlich schon viel früher an, man nennt ihn deshalb auch das »Immunsystem des Verhaltens«. Denn lange bevor unser Gesichtsausdruck verrät, wie wir uns gerade fühlen, noch bevor unser Körper sich vor Abscheu zu schütteln beginnt und wir uns krampfhaft bemühen, den Würgereiz zu unterdrücken, hat der evolutionsbiologische Ekelsensor uns bereits in vielen Situationen vor dem Schlimmsten bewahrt.

Wie er das macht? Indem er eindringlich immer und immer wieder dasselbe Wort flüsterte: VERMEIDE! Krankheitserreger sind in der Regel mit bloßem Auge nicht erkennbar, deshalb *vermeide* engen Kontakt mit allem und allen, die Träger solcher Erreger/Parasiten sind, die aussehen wie Erreger/Parasiten oder die mit Erregern/Parasiten in Berührung gekommen sind. Fertig. Deshalb sind uns gesunde Menschen lieber als erkältete, leere Zugabteile lieber als volle, saubere Wohnungen lieber als dreckige, Türklinken, Griffe, Knäufe und Tasten zu Hause lieber als in der Firma, die heimische Toilette lieber als die am Bahnhof und so weiter. Und, um wieder auf den Anfang des Kapitels und den moralisch-sozialen Ekel zurückzukommen, aufrechte Menschen lieber als korrupte, integre lieber als Intriganten, empathische lieber als Narzissten und so weiter.

Moment, nicht dass wir die Psyche vergessen. Die will logischerweise auch mitspielen. Tut sie auch und verteilt großzügig kleine Warnungen à la »Nee, lass mal lieber, das ist eklig«, gerne ohne eine wirkliche Begründung mitzuliefern: Sich auf einen Stuhl setzen, der vom Vorsitzer noch warm ist? Aus einem Glas zu trinken, das ein anderer benutzt hat? Secondhandklamotten zu tragen? Für manch einen sind das schon unüberwindbare Ekelhürden.

Ekelgefühle sind stark kulturell geprägt. Ein ausgebrütetes Küken direkt aus dem Ei zu löffeln oder knusprig frittierte Vogelspinnen (beides möglichst NICHT googeln!) verursachen uns Mitteleuropäern alles andere als Magenknurren, während in zahlreichen asiatischen Ländern ein harmloser Vesperteller voller köstlicher Käsesorten zu Würgereiz führen würde.

Versuche haben gezeigt, dass es für manche Versuchspersonen ein nicht überwindbares Problem darstellt, eine Suppe zu essen, die vorher mit einer fabrikneuen Klobürste, einer Fliegenklatsche oder einer desinfizierten Kakerlake umgerührt wurde. Schokopudding in Hundekotform, Apfelsaft aus Urinbechern, Himbeersoße aus Spritzen, die negative Assoziation zu den verwendeten Gegenständen will für die Teilnehmer nicht zum völlig unbedenklichen Gericht passen. Umgekehrt scheint es unmöglich zu sein, sich Ekel gegen beliebige Dinge wie Kekse oder Sonnenblumen anzutrainieren. Hat man jedoch eine schlechte Erfahrung wie Übelkeit, Erbrechen und Durchfall nach dem Genuss eines bestimmten Lebensmittels gemacht, führt dies bei den meisten Menschen zu einer stabilen, lebenslangen Geschmacksaversion. Eine simple klassische Konditionierung, die man sogar leicht wieder überwinden könnte, wenn einem dabei nicht so schlecht werden würde … Selbst die durch eine vorübergehende Schwangerschaftsübelkeit verursachten Abneigungen gegen bestimmte Gerichte und Gerüche halten sich mitunter noch eine ganze Weile ziemlich hartnäckig, auch wenn die ersten Monate längst überwunden sind.

Dass eine Desensibilisierung von Ekelgefühlen jedoch möglich ist, liegt auf der Hand. Durch langsame Konfrontation und Fokussierung auf zunächst kleine Teilbereiche tritt Gewöhnung ein, niemand wäre sonst in der Lage, in medizinischen Heil- und Pflegeberufen zu arbeiten, im Bestattungswesen, in der Landwirtschaft, bei der Müllentsorgung, in Klärwerken, in fleisch- und fischverarbeitenden Betrieben und so weiter.

Ekel ist objektabhängig. Windelwechseln beim eigenen Kind? Keine Lieblingsbeschäftigung, aber machbar. Bei einem fremden Baby? Pfoah, na ja … Ein Hundehaufen vom Nachbarköter im Vorgarten? Skandal! Vom eigenen Hündchen? Alles halb so schlimm … ah ja … gute Konsistenz … das neue Futter bekommt ihm …

Selbst Gerüche, von denen man annimmt, sie seien universell ekelerregend wie Verwesung, Fäkalgerüche oder Fäulnis, werden je nach Kontext und persönlichen Erfahrungen unterschiedlich interpretiert. Beim Schnüffeln an unbenannten Geruchsproben in

Labortests riecht Erbrochenes oder Schweiß plötzlich nach Käse, Verwesung nach Moschus – alles offenbar eine Frage des Standpunktes.

Oder können Sie sich vorstellen, unberührt von jeglichen hygienischen Kümmernissen auf Bergen von Kot herumzustiefeln, auf der Straße und im Haus, gemeinschaftlich öffentlich zu defäkieren und zu urinieren, sich in die Hand zu schnäuzen und gemeinsam zu erbrechen, ununterbrochen überall hinzuspucken, mit den Händen zu essen und sich nur wenige Male im Jahr zu waschen? Ekelgrenzen verschieben sich über die Jahrhunderte und unterliegen mannigfaltigen Zivilisationsprozessen. Wenn Sie zu den entsprechenden Zeiten gelebt hätten, wäre obige Aufzählung eine Selbstverständlichkeit gewesen – Ausspucken, Rülpsen und mit den Händen essen ist in anderen Teilen der Welt nach wie vor ganz selbstverständlich. Oder anderes Beispiel: Körperbehaarung. Wie viele Rasierer für die unterschiedlichsten Anforderungen gibt es in Ihrem Haushalt?

Und nicht zu vergessen, auch Geräusche können ein so starkes Gefühl wie Ekel auslösen: Fingernägel oder Kreide auf der Tafel, Pfirsichschalen auf der Zunge, knirschender Frotteestoff, Erde, Sand oder Ton an den Händen, bremsende Züge, das Kauen des Partners, Messer auf Glas … Misophonie nennt man das. Vielleicht haben Sie ja auch Ihr ganz eigenes Gänsehautgeräusch.

Aber denken wir jetzt mal weiter, in Richtung Nachwuchs. Auch Sie werden sich an mindestens eine Situation erinnern, in der sich Ihr knutschkugeliger Herzensschatz mit staunender Neugier anschickte, einen Regenwurm zu verspeisen oder sich durch den Sandkasten zu mampfen. Die Fähigkeit, Ekel zu empfinden und sich Ekelreaktionen abzuschauen, bildet sich erst mit etwa zwei bis drei Jahren heraus. Aber dann geht es recht schnell, da das Beobachten einer Ekelreaktion ruck, zuck dazu führt, dass Ihr Kleines diesen Ekel selbst empfindet. Kommen dann noch Lautäußerungen, wie »Igitt!« oder »Bäh!« hinzu, ist der Ekelreiz sehr schnell abgespeichert. Er wird zunächst einfach ungeprüft übernommen, auch wenn der gefühlte Ekel später noch eine Eigenbewertung durchläuft. Sie selbst haben jetzt leider nur noch wenige Jahre Zeit, bis Ihre Sprösslinge Ihnen deutlich zu verstehen geben, dass Sie Mundgeruch haben, Ihre Pupse stinken oder es in Ihrem Schlafzimmer muffelt. Es ist, als ob man sich plötzlich einen Mantel voller fragwürdiger Eigengerüche übergezogen hätte, die das Kind vorher selbst bei engstem Körperkontakt zu jeder Tages- und Nachtzeit kein bisschen gestört haben. Und das fühlt sich wirklich irgendwie merkwürdig an.

Mit der Zeit beginnt Ihr Kind dann auch, sich lustvoll mit Ekel zu beschäftigen. Etwas Ekliges gruselig und spaßig zugleich zu finden, ist ein toller Tabubruch, und Glibberspinnen aus Schwabbelschleim zu fischen, macht einfach unheimlich viel Spaß. Fast jedes Kind durchläuft eine Phase, in der es eine diebische Freude an möglichst schockierenden bzw. ekligen Scherzartikeln hat. Falls Sie da noch nicht durch sind, können Sie sich jetzt schon mal auf täuschend echte Hundehaufen aus Silikon, rotgeäderte Fruchtgummi-Augäpfel oder hollywoodreife Halloween-Zombieverkleidungen freuen. Meine jüngere Tochter hat es zur Meisterschaft gebracht, sich Stich-, Schuss-, Brand-, Schnitt- und Schürfwunden zu schminken – nicht sehr angenehm, wenn das Kind mit einem Loch im Kopf, Nagel in der Hand, eiternder, klaffender oder geklammerter Schnittwunde und mit täuschend echtem Kunstblut überströmt in die Küche gewankt kommt.

Aber das ist alles im grünen Glibbermonsterschleimbereich. Schwierig wird es erst dann, wenn Ihnen das Ekelempfinden Ihres Kindes übertrieben vorkommt. Also nicht übertrieben im Sinne von: »Meine Güte, das ist nur Fruchtfleisch in deinem Orangensaft!«; »Himmel, zu viel Butter auf dem Brot ist höchstens zu viel

Butter auf dem Brot, aber doch nicht gleich eklig!« oder »Wie kann man nur so speziell sein, es ist noch kein Kind vor seinem Nudelauflauf verhungert, nur weil ein Haar drin war.« Oder »Nein (Name des Besuchkindes), bei uns ist es nicht eklig dreckig, sondern nur, äh, gemütlich(er als bei euch)!«

Das heißt, erst wenn bestimmte Gegenstände, Materialien oder Eigenarten dazu führen, dass Ihr Kind öfter mal panisch reagiert, sollten Sie aufhorchen. Verweigert es bei Anwesenheit eines vermeintlichen Ekelobjekts (oder auch Subjekts) zum Beispiel das Essen, Schlafen, körperliche Nähe oder Kommunikation, sollten Sie mit Ihrer Kinderärztin sprechen. Nicht selten verbergen sich hinter einem solchen Verhalten psychiatrische Erkrankungen, wie zum Beispiel eine Zwangsstörung. Übertriebener Ekel vor Bakterien, Viren, Körperausscheidungen oder Verunreinigungen können zu regelrechten Kontaminationsängsten und damit einhergehenden Waschzwängen führen. Denn verbunden mit dem Gedanken, dass einem Geschwister oder Elternteil etwas passieren könne, wenn man dieser inneren Verpflichtung nicht nachkommt, kann das Kinder schon in sehr frühem Alter in einen Strudel ziehen, aus dem sie sich selbst unmöglich befreien können. Ständiges Händewaschen, ein präzise einzuhaltendes Reinigungsritual mit genau festgelegter Reihenfolge, unumstößlichen Ablaufregeln und zigfachen Wiederholungen beeinträchtigt das Kind früher oder später in seiner Entfaltung und seiner Persönlichkeit. Es weiß, dass sein Verhalten unsinnig ist, schafft es aber nicht, damit aufzuhören. Schließlich will und muss es beschützen, was es auf der Welt am meisten liebt. Rasch kann da die ganze Familie in den Teufelskreis einer kindlichen Zwangsstörung geraten, weil versucht wird, durch entgegenkommendes Verhalten eine vermeintliche Normalität aufrechtzuerhalten. Da Zwänge oft nur im geschützten, familiären Kreis auftreten, lassen sie sich zudem relativ lang vor dem Umfeld verbergen. Reiben Sie sich in einem solchen Fall aus Scham, Wut oder Hilflosigkeit nicht noch länger auf, sondern suchen Sie professionelle Hilfe. Anderthalb Millionen Menschen in Deutschland leiden an ihren Zwängen, die meisten schon seit ihrer Kindheit. Leider, denn diese Störung ist eine von jenen, die sich glücklicherweise gut mit psychotherapeutischen Maßnahmen behandeln lassen.

Nach diesem ernsten Schlenker können wir jetzt aber wieder zum eigentlichen Thema zurückkommen.

Was finden Sie eigentlich an eigenen oder anderen Kindern eklig? Grüngelber Nasenschlonz, der wie ein steter, zäher Fluss in Richtung Oberlippe wallt, um dort von einer neugierigen Zunge aufgeschleckt zu werden, wenn man dem Kind nicht innerhalb der nächsten null Komma drei Sekunden ein Taschentuch ins Gesicht gedrückt hat? Ein mit wissenschaftlicher Neugier auf der Fingerspitze balancierter Popel, der zur Überprüfung irgendeiner unbekannten kindlichen Hypothese der Verspeisung anheim gefallen wird? Die Geschmacksprobe frischer, haustierlicher Hinterlassenschaften? Vielleicht haben Sie ja eine Episode zu erzählen, die Sie immer noch ein flaues Gefühl im Magen verspüren lässt. Wunderbar! Aufschreiben, bitte!

Bevor wir Frau Prof. Schlau-Meier in diesem Kapitel zu Wort kommen lassen, noch ein paar kurze Sätze zum kindlichen Essverhalten. Für viele Eltern gibt es kaum etwas Anstrengenderes als mäkelige Esser. Sie haben selten Lust, neue Sachen auszuprobieren, finden die normalsten Farben, Konsistenzen und Gerüche eklig und strapazieren damit aller Köche Nerven. Und genau die sollten Sie einfach behalten. Denn solange Ihr Nachwuchs durch die Auswahl oder Vorliebe seiner Speisen keinen Gewichtsverlust oder ernährungsbedingte Mangelerscheinungen aufweist, ist erst mal alles im grünen Bereich. Zwischen dem zweiten und fünften Lebensjahr ist solch eine Phase sogar völlig normal. Noch mehr, sie scheint eine angeborene Veranlagung zu sein, um die kleinen Weltentdecker vor Vergiftungen durch fremde Nahrungsmittel zu schützen. Oft steigt die Bereitschaft, auch mal was Unbekanntes auszuprobieren, erst im Schulalter wieder. Zwingen Sie Ihr Kind nicht zum Essen, sondern sehen Sie sich Ihr eigenes und das familiäre Essverhalten an. An welchen Schrauben können Sie drehen, damit die Mahlzeiteneinnahme wieder Spaß macht, frei und unbeschwert vonstattengeht? Essen Sie mal unter dem Tisch, speisen Sie verkleidet wie Vampire und Piraten (natürlich mit der Hand) oder beziehen Sie eine Höhle auf dem Balkon. Meistens hilft aber die simpelste Ablenkung am besten: Lesen Sie beim Essen eine Geschichte vor. Und wenn Sie daran interessiert sind zu erfahren, wie die Reaktion meiner Töchter war, als ich einmal im Affekt eine Lebensmittelmotte aus dem Flug gefangen und verspeist habe, um ihnen zu zeigen, dass es sich lediglich um eine harmlose Motte und keinen giftspritzenden Flugsaurier handelt und ihr Gekreische deshalb total übertrieben ist, dann schicken Sie mir eine Mail …

FRAU PROF. SCHLAU-MEIERS EKELREZEPT

Diesmal gibt es statt einer Geschichte ein Rezept für Schleim. Und zwar für einen, der nicht nur tollen Kleckerspaß verspricht, sondern auch aus wissenschaftlicher Sicht höchst interessant ist. Nennen wir ihn »Plurche«.

Plurche ist eine nichtnewtonsche Flüssigkeit. Eine newtonsche Flüssigkeit wäre zum Beispiel Wasser, weil es ein sogenanntes linear viskoses Fließverhalten aufweist. Im Gegensatz dazu zeigt Plurche ein irres Verformungsverhalten, das eben nicht mit dem Newtonschen Gesetz beschrieben werden kann. Nun, so weit, so gut.

Kindeeer, kommt in meine Arme, ich habe ja genug!

So, einmal knuddeln und jetzt los, ihr braucht folgende Zutaten:

- eine Zeitung
- eine Schüssel
- eine Tasse
- Wasser
- Speisestärke

Fülle zwei Tassen Wasser in die Schüssel und gib vier Tassen Speisestärke hinzu. Stell die Schüssel auf einen großen Zeitungspapierteppich, denn jetzt wird's schleimig. Alles schön umrühren, am besten mit den Händen, bis ein feiner, flüssiger Teig entstanden ist.

Na, merkst du schon was?

Probiere mal Folgendes: Wenn man mit der Faust auf die Plurche schlägt, ist die Oberfläche ganz hart, steckt man langsam seine Finger hinein, wird sie weich, toll, oder? Mit der Plurche lässt sich herrlich spielen, matschen und Experimente machen.

Wer findet die Plurche ekliger: Du oder deine Eltern?

Wenn du dich gründlich ausgeplurcht hast, kann man daraus prima Straßenkreide herstellen: Gib ein paar Tropfen Lebensmittelfarbe zu deiner Plurche und fülle sie in eine leere Klopapier- oder Küchenrolle, deren Ende du vorher gut mit Klebeband oder Klarsichtfolie verschlossen hast. Das Ganze muss nun ein oder zwei Tage trocknen, dann kannst du die Pappe abschälen und deine Malkreide ist fertig.

Aus Speisestärke mit Lebensmittelfarbe lässt sich übrigens auch Sprühkreide (2 Tassen Wasser, 1 Tasse Speisestärke) oder Flüssigkreide (1 Tasse Wasser, 1 Tasse Speisestärke) herstellen.

Während ihr mit der Plurche spielt, könnt ihr euch ganz nebenbei prima unterhalten. Guck, hier sind wieder meine berühmten fünf Millionen Fragen. Bestimmt ergeben sich ziemlich spezielle Gespräche – kein Wunder, bei dem Thema!

WAS FÜHLST DU? WAS FÜHLE ICH?

FRAGEN AN DICH:

- Was findest du eklig?
- Gibt es etwas, das du eklig findest, aber es noch nie jemandem erzählt hast?

- Wie fühlt sich Ekel für dich an?
- Was war das Ekligste, das du je gesehen oder gerochen hast?
- Hast du Ekel auch schon mal vor einer Person gespürt?
- Hast du selbst schon mal was getan, das andere als eklig empfanden?
- Hast du schon mal etwas getan, von dem du gar nicht wusstest, dass die allermeisten Menschen auf der Welt das eklig finden?
- Was hat jemand anders getan, das du schrecklich eklig fandest?
- Was glaubst du: Bist du eher empfindlich und findest viele Dinge eklig oder bist du eher ganz gelassen?
- Gibt es etwas, das die meisten als eklig empfinden, aber du nicht?

FRAGEN, DIE DU DEINEN ELTERN STELLEN KANNST:

- Was hat euch als Kind geekelt?
- Gibt es etwas, das ihr früher eklig fandet und jetzt nicht mehr?
- Wenn ihr zaubern könntet, welche einigermaßen eklige Sache würdet ihr aneinander einfach wegzaubern?
- Was würdet ihr gerne nicht mehr eklig finden, weil es in Wirklichkeit tatsächlich gar nichts Schlimmes ist oder weil euch der Ekel davor peinlich ist?
- Kennt ihr jemanden, der einen echt verrückten Ekel hat?
- Schämt ihr euch für einen eurer Ekel?
- Welchen Ekel vor was würdet ihr gerne loswerden?
- Welchen Ekel/Abscheu von mir findet ihr nervig?
- Habt ihr euch früher auch vor etwas geekelt, worüber sich Oma und Opa aufgeregt haben?
- Gab es früher Sachen oder Verhaltensweisen, die ganz normal waren, die man/ihr heute aber eklig finden würdet?

FRAGEN, DIE IHR ALLE GEMEINSAM IN DER FAMILIE BESPRECHEN KÖNNT:

- Wie schätzt ihr euch ein: Findet ihr als Familie eher viele oder eher wenige Dinge/Sachen richtig eklig?
- Gibt es etwas, das ihr alle zusammen gleich eklig findet?
- Gibt es etwas, das ihr erst alle ziemlich eklig fandet, inzwischen aber eure Meinung darüber geändert habt?
- Gibt es etwas, das viele total eklig finden, aber ihr habt damit überhaupt kein Problem?
- Welchen Ekel findet ihr bei anderen völlig übertrieben oder seid sogar genervt davon?
- Gibt es bei euch einen Ekel vor etwas, der »typisch eure Familie!« ist?
- Welchen Ekel bei anderen findet ihr so richtig merkwürdig?

FOTO VON MEINEM EKELGESICHT:

ZEICHNE HIER DAS ABSOLUT EKLIGSTE, DAS DU DIR VORSTELLEN KANNST:

ZEICHNE HIER DAS TIER, VOR DEM SICH JEMAND AUS DEINER FAMILIE EKELT (MÖGLICHST LEBENSECHT):

TRAURIGKEIT

»TRAURIGKEIT IST NUR EINE MAUER ZWISCHEN ZWEI GÄRTEN«, VERMUTET KAHLIL GIBRAN

»TRAURIGKEIT IST NICHT UNGESUND – SIE HINDERT UNS DARAN, ABZUSTUMPFEN«, GIBT GEORGE SAND ZU BEDENKEN

Zum Thema Traurigkeit gibt es ein irgendwie verwirrendes Zitat von Shakespeare: »Es ist doch hübsch, traurig zu sein und nichts zu sagen.« Das bringt einen ja geradezu zum Schmunzeln. Soll das heißen, ein Hauch Melancholie hat noch niemandem geschadet, ein wenig Weltschmerz hier und dort, eine Prise Ach! und Weh!, ein bisschen Überdruss, Verzagtheit und Wehmut sind hin und wieder ganz gesund? Und vor allem: ganz normal?

Nun – so ist es wohl tatsächlich. Sich zu gegebener Zeit ein bisschen benachteiligt, verzweifelt, belanglos, schwach, klein, unbedeutend, pessimistisch, betrübt, untröstlich, elegisch, unglücklich, hilflos, sorgenvoll und lethargisch zu fühlen, ist Teil unseres genetischen Emotionsprogrammes. Wie einem der Suchlauf im TV manchmal die Regionalsender auf die vorderen Sendeplätze stellt, landet man eben hin und wieder auch auf dem Sadness-Channel der Seele.

Wenn ich im Folgenden über Traurigkeit schreibe, ist jedoch nicht Trauer gemeint, also jener tiefgreifende, emotionale Zustand der Niedergeschlagenheit oder der Gefühlstaubheit, und auch nicht die heftigen, schmerzhaften Ausbrüche als Reaktion auf einen existentiellen Verlust oder ein Unglück.

Die Traurigkeit als universelle Emotion ist kulturübergreifend, obgleich sie in Erscheinungsweise und Umgang in hohem Maße variiert. Es sind allerdings die immer gleichen Auslöser, die Menschen überall und über alle Zeiten hinweg auf dem kalten Fuß erwischt haben: ein persönliches Scheitern, ein nicht erreichtes Ziel, Krankheit, Vermissen, Sehnsucht, Enttäuschung, Desillusionierung, Kummer, Streit oder Verlust (von Achtung, Wert, Jugend, Gesundheit, Fähigkeiten, Gegenständen, Beziehung, Arbeit u. v. m.).

Traurigkeit muss sich nicht ausschließlich auf eigenes Ungemach beziehen, sondern kann durchaus auch durch Ereignisse und Nachrichten ausgelöst werden, die nichts unmittelbar Konkretes mit uns zu tun haben, außer dass wir von ihnen als Gemeinschaft betroffen sind oder von ihnen berührt wurden. Traurigkeit kann durch Erinnerungen ausgelöst werden und auch durch Wiederbegegnungen – real oder in Gedanken.

Was spüren wir eigentlich, wenn wir Katzenjammer haben, Trübsal blasen, in schlechte Laune versinken, in Lethargie verfallen, gefrustet und geknickt sind oder einfach mal die Schnauze davon voll haben, dass einem überall Instagram-tauglich anhand minutiös bearbeiteter Fotos vorgegaukelt wird, dass alle anderen sich happy fühlen? Nun, scheußliche Gefühle sind es. Wir empfinden Antriebs- und Kraftlosigkeit, körperliche und emotionale Schmerzen, Ermattung und Schwäche. Insgesamt ein Zustand, wie man ihn kennt, kurz bevor man krank wird. Jeder hat es schon mal erlebt, jeder würde es auf seine Weise beschreiben, jeder hat seine eigenen Rituale und Abläufe, wenn es mal wieder so weit ist.

Und trotzdem ist es wichtig und richtig, so zu empfinden, weil Traurigkeit, ebenso wie alle anderen Grundemotionen auch, einen evolutionären Zweck erfüllt. Hierzu gibt es verschiedene, sich ergänzende Erklärungsansätze. Evolutionsbiologisch wird Traurigkeit dahingehend gedeutet, dass der Mensch als soziales Wesen weitgehend bestrebt ist, schmerzhafte Verluste zu vermeiden. Die Angst vor drohendem Gefühlschaos bei einer Trennung oder dem Alleinsein wirkt stärkend auf zwischenmenschliche Bindungen aller Art und bewahrt uns davor, alle naselang gut gelittene Bezugspersonen zu verlieren. Ist es trotzdem geschehen, und der Betroffene zieht sich in einer Traurigkeitsphase zurück, sendet er damit ein Signal. Die anderen werden so darauf aufmerksam, dass sie sich um dieses Familienmitglied, diese Freundin, den Freund oder Kollegen kümmern sollten.

Es wird ebenfalls davon ausgegangen, dass die Erfahrung von Traurigkeit im zweiten Schritt dazu dient, dass wir Menschen lernen, loszulassen. Die Schmerzverarbeitung nach einer Trennung, nach einem Beziehungsabbruch, einem Verlust von Freundschaft und so weiter, soll dem Betroffenen ermöglichen, neue Bindungen einzugehen und zugleich Trost in bestehenden zu erfahren, wodurch diese wiederum an Intensität zunehmen oder sich verstärken können. Wir haben gelernt, dass wir die Traurigkeit überstehen können und fähig sind, uns auf Neues einzulassen und dies auf eine gereifte Weise zu wertschätzen und zu schützen.

Die Zügelung von Aktivität durch das Herunterfahren des Systems in der Traurigkeitsphase soll außerdem dazu beitragen, dass wir Ressourcen sparen und uns durch diese Art Wahrnehmungsverengung auf uns selbst konzentrieren, nicht auf den schädlichen Reiz. Die beim Weinen freigesetzten Endorphine sind in der Lage, zusätzlich seelische Schmerzen zu lindern. Traurigkeit macht uns kritischer, skeptischer und hat offenbar auch Auswirkungen auf die Kommunikation: In trauriger Stimmungslage sprechen wir offener und weniger oberflächlich mit unseren Mitmenschen. Sie scheint außerdem unsere Gedächtnisleistung positiv zu beeinflussen (wie schlechtes Wetter übrigens auch). Traurigkeit macht uns ganz allgemein wohl sensibler für uns selbst und auch für Geschehnisse in unserer Umwelt.

Sich die Zeit für Traurigkeit zu nehmen, ohne unbedingt sofort gründliche Ursachenforschung zu betreiben und dieses Gefühl nicht primär als unerwünscht oder falsch einzustufen, nur weil andere Menschen vielleicht vieles positiver sehen oder unbeschwerter sind, birgt die Chance, die Hinweise richtig zu deuten. Traurigkeit ist wie Wut ein Gefühl mit Signaleffekt, sie sendet eine Botschaft, die man ungefähr so zusammenfassen könnte: »Guck mal nach, was bei dir nicht in Balance ist; halte inne, analysiere, denke nach, bevor du eine Entscheidung triffst.« Die Traurigkeit macht uns müde und langsam, sie filtert äußere Reize aus und zwingt uns zu Veränderung.

Traurigkeit zu verspüren, kann man sagen, ist ein Zeichen seelischer Gesundheit. Sie führt uns vor Augen, dass wir fähig sind, an belastenden Ereignissen nicht zu zerbrechen. Traurigkeit zu empfinden ist der erste Schritt eines Verarbeitungsprozesses auf dem Weg zu Reflexion, Veränderung, Introspektion, Akzeptanz und Neubeginn. In diesem Sinne hilft uns Traurigkeit, uns weiterzuentwickeln, an Herausforderungen zu wachsen.

Wenn Sie sich also immerzu oder viel zu häufig verpflichtet fühlen, so zu tun, als ob Sie nichts und niemand aus der Bahn werfen könnte, als ob alles prima sei, bei Ihnen stets alles flutschen und reibungslos laufen würde, Ihnen Frust, Hektik und Alltag nichts anhaben könnten, kann es passieren, dass Sie, sollte die Schwermütigkeit Sie doch mal erwischen, vom obersten Trittbrett der Traurigkeitsleiter sofort in die dunkle Grube stürzen – und beim Versuch, wieder herauszuklettern, die erste Stufe nicht erreichen. Also lieber mal ganz altmodisch in Trübsinn versinken und auf die Warnsignale hören:

»Dein Speicher ist fast leer«, sagen Apathie und Müdigkeit. »Du wirst in den Energiesparmodus versetzt, ich muss nachdenken«, sagt das Gehirn.

»Was brauchst du?«, fragt jemand, der Sie liebt, und nicht: »Das geht schon wieder vorbei/Kopf hoch/morgen sieht die Welt schon wieder ganz anders aus …«

Doch was ist, mag man sich fragen, wenn die Welt aber weder morgen noch nach ein paar Tagen wieder anders aussieht? Wie viel Traurigkeit ist normal, bevor sie zur Depression wird?

Einen winzigen laienhaften Hinweis gibt uns der Auslöser, so man einen eruieren kann. Liegt der anhaltenden Traurigkeit nämlich ein konkreter Grund zugrunde, ist das schon mal gut. Also nicht gut. Oder doch gut, wie man's nimmt, denn von einer Depression betroffene Menschen können meist keine konkreten Anlässe für ihre Symptome benennen. Auch fühlen depressive Menschen sich eher wie versteinert, gefühllos, und weniger in intensiver, tränenreicher Traurigkeit gefangen. Doch wir werden uns hier auf keinerlei Psycho-Ratespiele einlassen. Wenn Sie das Gefühl haben, Sie werden diese grässliche innere Schwärze nicht mehr los, sie frisst sich in Ihr Leben, kauert in Ihren Eingeweiden, lenkt Ihre Gedanken in dunkelste Gefilde, frisst Ihren Lebensmut, flüstert Ihnen Schuldgefühle ein, raubt Ihnen den Schlaf und lässt Sie morgens nicht aufstehen, dann wird es Zeit für Fachleute, solche, die sich damit auskennen, diese Bestie einzufangen.

Aber natürlich kann Ihnen die Traurigkeit, obgleich ein, wie wir ja jetzt erfahren haben, überaus nützliches negatives Gefühl, die Lebenslust dennoch ziemlich verhageln und Menschen mit Affinität und Hang zum Schweren schlagen sich dann mit dunklen Wolken herum, wo andere diese Tupfen als fröhlichen Vogelschwarm interpretieren.

Doch was kann man als Erwachsener gegen Traurigkeit tun, wenn sie einen zu oft überfällt oder zu sehr belastet? Mit dem Grübeln aufhören! Erster, wichtiger Punkt. Also nicht gänzlich, das geht nicht, aber doch einfach mal das Karussell unterbrechen, indem Sie zum Beispiel ein bestimmtes Wort denken: »Tintenfisch« vielleicht. Das geht dann ungefähr so: »Warum immer … Tintenfisch!«; »Ich bin einfach zu … Tintenfisch!«; »Dauernd mache ich … Tintenfisch!«; »Nie kann ich … Tintenfisch!« und so weiter.

Von Frau Prof. Schlau-Meier kenne ich ein typisches Sprichwort der Oktopoden: »Über verschmierte Tinte soll man nicht klagen.« Gilt ganz genauso auch für uns, auch wenn es nicht immer einfach ist, sich dran zu halten, aber sinnvoll, sich nicht zu sehr an Vergangenem abzuarbeiten, sondern nach vorne zu schauen. Und um nochmal eine von Frau Professors Oktopodenweisheiten zu zitieren: »Wenn du lieber lila Tinte hättest, iss Rote Bete.« Heißt, versuche (endlich), die Ursache für deine Traurigkeit zu beseitigen bzw. etwas dagegen zu tun. Was weniger bekannt sein dürfte: Suhlen Sie sich in Ihrer Traurigkeit, legen Sie sich mitten rein. Ja, richtig gelesen! Nur wer ordentlich traurig ist, kann auch wieder ordentlich glücklich sein. Es gibt das eine nicht ohne das andere. Es gibt keinen Regenbogen ohne Regen, um es mal postkartensprüchemäßig auszudrücken. Dem Nachlassen der Traurigkeit wie der Wirkung einer Kopfschmerztablette richtiggehend nachzuspüren, hilft zu erkennen, dass da gerade etwas in Ihnen arbeitet. Hören Sie dabei traurige Musik, aber nur, wenn Sie ein »Traurigkeitsgenießer« sind; Forscher haben festgestellt, dass das helfen soll. Mich zum Beispiel würde es noch fertiger machen, ich kann nicht mal mehr Spielfilme anschauen, in denen einem Kind was passiert.

Ein Kind tröstet man, wenn es traurig ist, nichts anderes käme einem in den Sinn. Man lenkt es auch gerne ab, vorzugsweise mit extrem zuckerhaltigen Nahrungsmitteln. Sie sollten sich auch trösten (lassen), womit immer es Ihnen gut geht, ganz dringend, daran ist nichts verkehrt oder kindisch, solange Sie im Maß bleiben und wissen, dass Sie mit dem Trostfuttern oder Shoppen zu gegebener Zeit wieder aufhören können.

Haben Sie diesen Ratschlag auch schon oft gelesen? Fangen Sie was Neues an, jetzt oder nie! Sooft man das hört, sooft kann es einen aber auch gleich noch trauriger oder mutloser werden lassen. Vielleicht, weil man noch zu tief drinsteckt in der bleiernen Schwärze, sich kraftlos und müde fühlt. Aber manchmal kommt er tatsächlich, der Zeitpunkt, an dem man etwas Neues anfangen kann – und damit ist nicht gleich ein neuer Job, eine neue Stadt, ein neues Hobby gemeint. Man kann sich auch langsam an Veränderungen heranpirschen – winzige Mikroveränderungen, vollbracht und durchgezogen, bringen auf alle Fälle mehr als aufgeschobene, halbherzige oder überfordernde Life-Changer. Beginnen Sie mit dreißig Kniebeugen täglich oder knallrotem Lippenstift, mehr verlangt kein Mensch. Kennen Sie den Spruch: Rausgehen ist wie Fensteraufmachen, nur krasser? Schleppen Sie sich unter Leute, an die frische Luft, in den Wald, um den Block, auch wenn's schwerfällt.

Aber genau das tue ich doch den ganzen Tag, seufzen Sie? Mit Kindern ist man immer unter Leuten, an der frischen Luft, im Wald, im Park, um den Block, und was glauben Sie, wie oft ich am Tag in die Knie gehe, um Sachen aufzuheben, mit den Kids zu spielen, sie hochzunehmen und tausend andere Beispiele mehr? Sie haben so recht! Der Hintergrund dieser Handlungsanregung ist deshalb auch mehr im übertragenen Sinne gemeint: Finden Sie Ihren ganz privaten, winzigen Hafen, an dem Sie sich jeden Tag, wenn auch nur für eine kurze Zeit, angekommen, sicher und absolut wie Sie selbst fühlen. Wer behauptet eigentlich immer, man müsse seine Komfortzone verlassen? Ausweiten reicht völlig!

Wenn Sie können, entscheiden Sie sich aktiv dafür, die Traurigkeit zu überwinden. Verblüffend, wie eine derartige mentale Umprogrammierung zu unterstützen vermag. Aber nicht: »Ich hoffe, dass das mal wieder wird …«, sondern: »Ich ENTSCHEIDE mich jetzt dafür, etwas zu TUN!« Werden Sie sich der Affenfallen in Ihrem Leben bewusst und lassen Sie los! Affenfallen? Das ist dieser simple Trick, mit dem Affen gefangen werden, weil sie mit ihrem um einen Köder geschlossenen Fäustchen nicht mehr aus einer Öffnung oder einem Loch herauskommen. Sie müssten den Köder nur loslassen, um frei zu sein, doch er macht aus den Affen eine Beute. Ähnlich können Sie auch loslassen, werden Sie nicht zur Beute Ihrer eigenen Gedanken.

Vielen hilft es auch, wenn Sie sich die Traurigkeit von der Seele schreiben. Mit lila oder blauer Tinte, ganz egal, in ein tiefschwarzes Notizbuch mit Seiten so dick wie Papiertaschentücher, damit Ihre Tränen beim Schreiben aufgesaugt werden. Psychotherapeuten halten das Schreiben eines Tagebuches in der Regel für eine optimale Selbstcoaching-Methode. Beim Formulieren der eigenen Handlungen und Erfahrungen werden Erkenntnisse und Erlebnisse bewusster. Und was einem bewusst ist, kann man einordnen und sich von oben anschauen. Mit der Zeit werden Sie Ihr eigener Therapeut, weil Sie immer besser in der Lage sind, sich und Ihr Verhalten aus der Sicht eines Außenstehenden zu betrachten. Besinnen Sie sich dabei auch ausdrücklich auf positive Momente, beschreiben Sie glückliche Gedanken und Erlebnisse, die Sie zufrieden gemacht haben. Fassen Sie zusammen, was Ihnen besonders gut gelungen ist und für was Sie Dankbarkeit empfinden. Und vergessen Sie vor allem nicht, all die herzerwärmenden Sprüche Ihres Nachwuchses an den Rand zu kritzeln, ganz besonders jene, bei denen man denkt: Diesen Spruch werde ich nie vergessen! Meiner Erfahrung nach sind es leider genau die, nach denen man schon ein halbes Jahr später vergeblich im Gehirn sucht: Im Alter von drei Jahren hat meine Tochter eine umwerfende Erkenntnis bezüglich der Frage, was wohl als Erstes dagewesen sei, das Ei oder das Huhn, geäußert – einer der Momente, zu denen ich beim Zeitreisen zurückkehren würde, weil ich ausgerechnet diese Antwort nicht aufgeschrieben habe.

Aber wie ist es eigentlich, wenn der große, graue, nennen wir ihn Traurigkeitstrumm, sich Ihr Kind geschnappt hat? Ohne dass Sie auch nur das Geringste von dieser Entführung mitbekommen haben? Ja, sogar dachten, Ihr kleiner Schatz sei ausreichend abgesichert, behütet, bespaßt und geknuddelt, um allzeit glücklich und lachend durch die Welt zu spazieren und tief, sehr tief unter dem Radar der Traurigkeitstrümmer zu liegen.

Plötzlich isst Ihr Kind kaum noch, hat keine Lust mehr zu spielen und ist schrecklich teilnahmslos? Sie kommen nicht mehr recht an Ihr Kind heran, und wenn doch, dann werden Sie angefaucht (nein, nicht von Ihrem Kind, sondern vom Trumm, der es gekapert hat) oder angeschwiegen (auch das ist nicht Ihr Kind, der Trumm hält ihm den Mund zu).

Scheußliche Situation. Was ist bloß geschehen?

Ist Ihr Kind (und das hoffen wir mal, auch wenn sich das erst mal komisch anhört) *nur* vom Traurigkeitstrumm gekidnappt worden oder hat es etwa eine Depression?

Zunächst einmal seien Sie gewiss, dass auch Ihr Kind Phasen der Traurigkeit erlebt, ob begründet oder wie aus heiterem Himmel: Das ist völlig normal und kommt vor, unabhängig davon, ob Sie echt fürchterlich miese Versager-Bronze-Medaillen-Eltern oder die perfekten, Sonnenschein-Vorzeige-Goldgewinner-Bilderbuch-Eltern sind. Moment mal, haken Sie jetzt nach, realistisch betrachtet sind wir ungefähr dazwischen, Silber bekommen wir meistens hin, heißt das denn nicht, dass unser Kind auch silberglücklich sein sollte? Es hat doch alles! Und davon noch zu viel!

Das stimmt natürlich. Es hat alles. Aber eben auch alle Gefühle. Wie der Mond, dessen helle Seite strahlt und der dennoch einen dunklen Teil hat, genau wie wir auch.

Aber warum beunruhigt Eltern ein negatives Gefühl wie Traurigkeit beim Kind dann so sehr? Ganz einfach, weil ihre Angst nicht nur aus Sorge und Liebe für ihr Kind entsteht, sondern sie berührt noch etwas anderes: Sie als Eltern sehen sich verantwortlich. Für alles rund ums Kind. Und wenn wir feststellen, dass seine Traurigkeit nicht an uns oder an Umständen liegt, die wir geschaffen haben, wenn wir also keinen konkreten Grund für die Traurigkeit benennen können, überkommt uns Hilflosigkeit und eine fürchterliche Ohnmacht: Meinem Kind geht es nicht gut, und ich weiß nicht, warum. Das ist schrecklich, da haben Sie recht!

Doch bedenken Sie, dass Ihr Kind jeden Tag die verschiedensten negativen Erfahrungen macht: Es soll sich beeilen, obwohl es in einer anderen Zeitebene unterwegs ist. Es streitet sich. Es hört für seinen Geschmack zu oft »Nein«. Es ist eifersüchtig, es wird ausgeschimpft, es tut sich weh, es ist lange Stunden in Betreuung und von zu Hause weg, es hat Termine und vieles mehr ... Kinderalltag. Und der ist manchmal stressiger, als man sich das eingestehen möchte. Und trotzdem hätte man gerne ein fröhliches, unbeschwertes Kind, und zwar nicht nur, weil es für ein Kind das Allerbeste ist, fröhlich und unbeschwert zu sein, sondern weil man schließlich überall lesen kann, dass entspannte Eltern entspannte Kinder haben.

Wenn mein Kind also unentspannt, schüchtern und traurig ist, denken Sie möglicherweise, kann es doch nur meine Schuld sein. Was mache ich falsch? Oder: Warum kann mein Kind denn nicht einfach so sein, wie ich es mir wünsche (übersetzt: so, wie ich meine Traumvorstellung auf das Kind projiziere)? Und gerade weil man selbst relativ selten so tiefenentspannt ist, wie man es gerne hätte, kann es vorkommen, dass einem flugs der ein oder andere Spruch entfleucht, der entweder wörtlich oder inhaltlich die Aussage in sich trägt: Sei doch nicht so …! Und was vermittelt man dadurch dem Kind? Nichts als die Botschaft: So, wie du bist, gefällst du mir nicht. Ich hätte dich gern anders.

Oft hören wir uns sagen: »Darüber brauchst du doch nicht traurig zu sein!«; »Das ist doch nicht so schlimm!« Da solche Zuschreibungen noch nie irgendwie magisch von einer Sekunde auf die nächste in Erfüllung gegangen sind, Ihr Kind aber stets bestrebt ist, Ihren Wünschen nachzukommen, MUSS das Ihren Schatz ja in Nöte bringen. In zusätzliche, denn es hat ja außerdem gerade dieses verflixte, ungemütliche und doofe Gefühl. Die Folge ist eine totale Überforderung, die einen Teufelskreis entstehen lässt: Das Kind hat eine mistige Empfindung und die Eltern sind davon genervt oder gar enttäuscht. Es wird dazu aufgefordert, sich anders zu verhalten, damit die wichtigsten Personen, die es auf der Welt hat, wieder zufrieden sind. Genau das würde das Kind ja gerne, wäre da nicht dieses schlimme Gefühl, das es aber eigentlich gar nicht haben dürfte. Und so weiter, dreh, wirbel …

Natürlich ist es mühsam und anstrengend, all die vielen unterschiedlichen kindlichen Befindlichkeiten zu akzeptieren und ernst zu nehmen. Aber wenn ich so darüber nachdenke, gibt es vielleicht doch eine Art magischen Satz: »Ich verstehe/sehe, dass du traurig/ängstlich/wütend … bist.«

Was daran magisch sein soll? Was an Magie immer magisch ist: die Wirkung. Seinen Gefühlen einen Namen geben zu können und die Akzeptanz seiner negativen Gefühle durch die Eltern zu verspüren, ermöglicht einen Lernprozess, dessen Ergebnis sich vielleicht am besten so zusammenfassen lässt: WAS ICH FÜHLE, IST OKAY.

Gut, verstanden, Null-Bock-Stimmung ist das eine, aber was, fragen Sie sich, wenn es eben nicht mehr okay ist? Wenn mein Kind seinen Spieltrieb verliert, es irgendwie verlangsamt wirkt, wenn es diffuse Schmerzen hat, sein Essverhalten sich stark in die eine oder andere Richtung verändert, es an nichts mehr Interesse zeigt, woran es früher Spaß hatte? Wenn es sich zurückzieht, apathisch wirkt, grübelt, Schuldgefühle äußert, kaum mehr Gestik und Mimik zeigt oder im Gegenteil aggressiv und launisch ist, viel weint, und das alles über mehr als zwei Wochen lang? Oder wenn ich merke, dass mein Kind allgemein nicht mehr das tun möchte oder kann, was Gleichaltrige tun?

Dann nehmen Sie Ihr Kind und Ihr Bauchgefühl ernst und wenden Sie sich an Ihre Kinderarztpraxis, eine Erziehungs- und Familienberatungsstelle oder an Kindertherapeuten, um den Verdacht einer Depression abklären zu lassen. Das ist insbesondere dann dringend geboten, wenn Ihr Kind zusätzlich äußert, dass es sich nicht vorstellen kann, so wie jetzt weiterzuleben. Und zwar auch, wenn Sie verständlicherweise große Angst davor haben, man könnte Ihnen vorwerfen, an der eventuellen psychischen Störung Ihres Kindes mitverantwortlich zu sein oder gar die Hauptschuld zu tragen. Das wird nicht geschehen. Da man getrost davon ausgehen kann, dass Sie nur das Beste für Ihr Kind wollen, und die Mechanismen der Depression komplex und multifaktoriell sind, wird kein Profi das Geschehen auf eine einzige Ursache, also Versagen oder falsches Elternverhalten, reduzieren.

Wird eine depressive Störung oder Episode bei Kindern und Jugendlichen (hier ist die Unterscheidung zwischen Krankheit und normalem, pubertärem Verhalten besonders knifflig) jedoch nicht rechtzeitig behandelt, ist die Gefahr groß, dass eine Chronifizierung stattfindet, die bis ins Erwachsenenalter anhält. Wenn Sie unsicher sind, gibt es die Möglichkeit, sich erst mal telefonisch beraten zu lassen: Die *Nummer gegen Kummer* für Eltern lautet: 0800-11110550. Die *Nummer gegen Kummer* für Kinder ist die: 0800-1110333.

Kommen wir zurück zum Thema Traurigkeit.

Was können Sie tun, um Ihrem Kind (und Ihnen) den Umgang mit diesem unangenehmen, aber völlig normalen Gefühl zu erleichtern:

Ich empfehle wie immer gerne eine App. Sie heißt *Name your Feelings* und es gibt sie nicht im App-Store, weil ich sie mir natürlich gerade erst ausgedacht habe, um Sie nicht zum hundertsten Mal mit dem Tipp »Reden Sie drüber und benennen Sie das Gefühl« langweilen muss. Aber im Ernst, es ist eigentlich schade, dass es sie nicht wirklich gibt. Denn was einen Namen hat, kann man zähmen. Wenn Kinder für ihre Empfindungen Worte haben, bringt allein das bewusste Benennen der kindlichen Gefühle eine Entspannung: »Bist du traurig, weil …?«; »Ich verstehe total, dass du traurig bist, weil …« Vielen Kindern gelingt es mit der Zeit sogar immer besser, die gespiegelten Gefühle in etwas Positives zu verwandeln: »Ich hab jetzt noch Heimweh, aber bald geht das weg.« Wenn Ihr Kind verstanden hat, dass es traurig sein darf, ohne Angst haben zu müssen, dass dieses Gefühl nie wieder verschwindet, und es weiß, dass es trotzdem geliebt wird, obwohl es gerade nicht glücklich ist, hat es ein enormes, kraftvolles Werkzeug in der Hand: die Kontrolle. Es fühlt sich nicht allein, nicht hilflos ausgeliefert und nicht für immer in diesem Gefühl gefangen.

Es lohnt sich also tatsächlich, sich selbst immer wieder mahnend darauf hinzuweisen: Für Ihr Kind ist das auslösende Ereignis, sofern Sie es herausfinden können, so relevant, dass es mit Traurigkeit reagiert – Grund genug, diese Sache also nicht kleinzureden, weil Sie finden, dass doch alles nun wirklich nur halb so schlimm ist. Es ist in Wahrheit genau doppelt so schlimm, sonst wäre Ihr Sprössling ja nicht so außer sich!

Wenn es mit dem Sprechen nicht gleich klappt: Lassen Sie sich Zeit, bauen Sie keinen Druck auf und vermitteln Sie, dass Sie mit der Antwort auf Ihre Nachfragen warten können und jederzeit ansprechbar sind.

Ist der Moment gekommen, loben Sie Ihr Kind, dass es über seine Gefühle spricht. Sagen Sie ihm, wie froh Sie sind, dass es Sie teilhaben lässt, weil es ja schließlich nicht aus Glas ist und auch kein Display hat, wo draufsteht, was innen drin vor sich geht.

Spott und Häme: No-Go! Wie weh würde es Ihnen tun, wenn Ihr Lieblingsmensch Sie auslacht oder verspottet, während Sie gerade vor Verzweiflung oder Kummer weinen? Und (Achtung Ironie!): Das Androhen von Bestrafungen und Konsequenzen wie: »Wenn du nicht endlich aufhörst zu weinen, dann …« sind übrigens tooootal nützlich. Sie sollten sie so oft und so rasch wie möglich anwenden. Ihr Kind wird Ihrem Befehl auf dem Fuße Folge leisten und schwups, ist das Problem aus der Welt. Sensationell. Klar, Verdrängung hilft immer. Und sogar viel besser als eine Umarmung, Trost, Nähe, Zuversicht und eine Schmuseeinheit. Wie gut, dass wir das geklärt haben!

Auch auf die Gefahr hin, mich zu wiederholen: Weiß Ihr Kind eigentlich, dass es normal ist, auch mal traurig zu sein? Weiß es, dass jeder mal traurig ist, auch Clowns, Prinzessinnen und feuerspeiende Drachen? Dass man vom Traurigkeitstrumm geschnappt werden kann, egal, wie gut man es hat, egal, wie groß, stark, jung oder alt man ist? Weiß es, dass das Traurigkeitstrumm auch wieder weggeht, wenn man es nicht mehr mit Traurigkeit füttert, sondern sich wieder anderen Dingen zuwendet? Erzählen Sie Ihrer Tochter oder Ihrem Sohn davon. Finden Sie Bilder für die Vergänglichkeit von Traurigkeit, weil bald/morgen viel zu abstrakt sind: Regen fällt, aber er hört auch wieder auf, dann gibt es einen Regenbogen, nach dem Winter blühen die Schneeglöckchen usw.

Genauso, wie Sie erwähnen dürfen, dass auch Sie manchmal traurig sind. Oder noch besser: Falls Sie eine traurige Phase haben, sprechen Sie dann darüber, wie es Ihnen gerade geht. Je mehr emotionale Facetten Sie von sich selbst zeigen, desto mehr lernen Ihre Kinder über Gefühle.

Fragen Sie Ihr Kind auch, was es jetzt am liebsten tun würde: noch ein wenig in Ruhe traurig sein? Okay. Eine Geschichte hören? Okay. Rausgehen? Na klar! Kuscheln? Immer. Sie sind kein Traurigkeitslöscher, aber durch Ihre Anwesenheit und Akzeptanz zeigen Sie Wege auf – Ihr Kind wird seinen eigenen von ganz alleine wählen. Und das ist dann auch ein riesiges Extralob wert.

Vielleicht hilft auch hin und wieder der gute alte Kummerkasten oder Kummerkarton. Den können Sie gemeinsam basteln und dabei besprechen, wie mit den Zetteln umgegangen werden soll: zusammen am Wochenende besprechen; sammeln, zerknüllen und in den Gulli werfen; für immer und ewig drinlassen und vergessen u. v. m.

Nehmen Sie gerne Frau Prof. Schlau-Meiers Vorlesegeschichte über die Traurigkeit zum Anlass, ausführlich über dieses Gefühl zu reden. So haben Sie vielleicht beim nächsten Niederschlag den passenden Schirm parat:

FRAU PROF. SCHLAU-MEIERS TRAURIGKEITSGESCHICHTE

Kindeeer, kommt in meine Arme, ich habe ja genug! Ja, kuschelt euch ein und macht es euch gemütlich. Und keine Sorge, die Geschichte geht gut aus!

HÖRST DU DIE STILLE, SKIPPER?

Skipper ist ein großer, gemütlicher Hund. Er ist stets gut gelaunt und fröhlich. Am liebsten ist er mit seinem Menschen am Strand unterwegs. Sein Mensch ist nämlich Fischer, und während er sein Boot mit den Netzen bestückt, tollt Skipper herum und sucht das Ufer nach schönen, glatten Schwemmholzstücken ab. Das macht so viel Spaß!

Doch heute ist alles anders. Heute hat Skipper wieder den ganzen Tag dieses komische Gefühl im Bauch. Es will einfach nicht weggehen und dabei ist es schon fast dunkel. Aber schlafen kann er auch nicht. Es ist, als hätte er eine Regenwolke verschluckt, die sich jetzt in ihm ausregnet. Skipper schnieft. Kein Wunder, dass er weinen muss von den ganzen Regentropfen, die jetzt durch seine Augen wieder herauswollen.

Skipper hat wirklich die Schnauze voll von all dem Wirbel, der Unruhe und dem Durcheinander hier im Haus. Was ist nur mit seinen beiden Menschen los? Fine und Peer sind ganz anders als sonst und überhaupt ist nichts wie immer. Und Skipper kann es nicht ausstehen, wenn etwas nicht ist wie immer.

Verwirrt und niedergeschlagen verlässt Skipper auf leisen Pfoten das Haus, um etwas Stille zu finden. Er läuft über den Hof und nimmt die Abkürzung durch das kleine Kiefernwäldchen zum Strand. Dort setzt er sich in den Sand und betrachtet die Straße aus glitzerndem Licht, die übers Wasser direkt zum Mond führt. Das Meer rauscht sein unendliches Lied, die Wellen gluckern schaumig an den Strand und ab und an lacht eine Möwe. Skipper legt müde den Kopf auf seine Pfoten, und bald ist er eingeschlafen.

Als er am nächsten Morgen erwacht, hat das Meer eine große Muschel an den Strand geschwemmt. Skipper hält sie an sein Ohr. Er sieht traurig in den Sonnenaufgang und lauscht dabei dem Rauschen eines fernen Ozeans aus der Muschel.

Vor lauter Stille erfasst ihn mit einem Mal ein Sehnen ... Heimweh zerrt an seinem Herz! Auch wenn zu Hause alles so verwirrend ist, hier am Strand fühlt er sich ja noch einsamer. Skipper holt tief Luft und rappelt sich auf, doch es fühlt sich immer noch so an, als ob ein schwerer Stein auf seiner Brust läge.

Er möchte gerade loslaufen, als ihm ein Gedanke kommt: Was, wenn Fine und Peer ihn gar nicht vermisst haben? Was, wenn sie ganz froh sind, dass er weg ist? Es hat ihn ja in der letzten Zeit sowieso kaum jemand beachtet. Vielleicht haben die beiden gar nicht gemerkt, dass er weggelaufen ist?

Skipper hält die Muschel wieder ans Ohr und je mehr er hineinhorcht, umso mehr Geräusche kann er erkennen: Er hört das Quietschen des Bettes, wenn Peer morgens aufsteht. Er hört das Zischen des Streichholzes, mit dem Fine den Ofen anzündet. Und ist das nicht das Blubbern der Kaffeemaschine und der Plopp, wenn ein frisches Glas Marmelade aufgemacht wird?

Skipper hört das Rrrratsch, wenn Peer sein Frühstücksei köpft und das sachte Knax-knax-knax, mit dem Fine ihres aufklopft. Und da, horch, das Gebimmel der Fahrradklingel, wenn der Zeitungsjunge Jan den holprigen Weg zum Hof entlanggeradelt kommt. Jan, hallo Jan, denkt Skipper und würde am liebsten losrennen, um ihn zu begrüßen.

Und jetzt, das Rascheln der Kapitänsmütze, die Peer sich immer aufsetzt, bevor er an den Hafen geht. Skipper hört auch den fröhlichen Ruf, wenn Peer ihn mit aufs Schiff nimmt: »Auf geht's, Skipper, viel zu tun heute!« Und oh, welch schöner Klang: Klong-klong macht der Löffel an Skippers Futterschale, wenn Fine ihm sein Fressen einfüllt.

Jetzt hört Skipper auch nochmal das überraschte Japsen, mit dem sich Fine gestern an ihren großen, kugelrunden Bauch gefasst hat. Er hört auch nochmal ihr lautes Rufen nach Peer und das Krachen der Tür, die polternd gegen die Wand schlug, als Peer eilig hereingestürzt kam.

Skipper hört Fine hektisch ein- und ausatmen. Ihr Hecheln hört sich genauso an wie bei ihm selbst, wenn er gerannt ist – nur ist Fine doch gestern überhaupt nicht gerannt! Jetzt erinnert Skipper sich auch wieder daran, wie Peer ihn ungeduldig aus dem Zimmer verscheucht hat. »Raus, verschwinde, zur Seite, Hund!«, hat er gerufen.

Skipper seufzt traurig. Am liebsten würde er wieder weinen. Wirklich, er hat gar nichts falsch gemacht. Er hat nur dagelegen, wo er immer lag, auf seiner Decke. Und obwohl Peer so komisch war und geschimpft hat, fühlt es sich heute irgendwie nicht mehr richtig an, dass er weggelaufen ist.

Skipper legt die Muschel behutsam zurück in den Sand. Ach, wie er die bunten Klänge seines Zuhauses vermisst! Und ganz vielleicht kann es ja doch sein, dass auch er vermisst wird, oder nicht? Doch, Skipper nickt, und bei diesem Gedanken wird ihm ganz leicht ums Herz.

Mit wehenden Ohren rennt er nach Hause zurück. Als Skipper auf den Hof kommt, sieht er Peer unruhig vor dem Haus auf und ab laufen. Die Haustür steht weit offen. Skipper bleibt stehen. Ist irgendwas passiert? Sein Herz beginnt wie wild zu klopfen. Plötzlich hört Skipper, wie Fine brüllt. Tapfer und tief und stark wie ein Löwe. Gleichzeitig bleibt Peer wie erstarrt stehen. Dann ist es für einen winzigen Augenblick still. Es ist, als wäre die Zeit angehalten worden. Niemand und nichts bewegt sich.

Nichts regt sich. Kein Laut ist zu hören. Bis plötzlich der Schrei eines Babys erklingt!

Blitzartig dreht Peer sich um und will ins Haus stürzen. Da entdeckt er endlich Skipper auf dem Hof und ein großes, riesiges, wunderbares Lachen breitet sich auf seinem Gesicht aus. Peer reckt seine Faust in die Luft und jubelt: »Es ist da, Skipper, endlich, das Baby ist da!«

Dann stürzt er ins Haus zurück.

»Er ist da, Liebes, Skipper ist wieder da!«, hört Skipper ihn rufen.

Skipper durchrieselt ein warmes Gefühl voller Glück. Das hier ist seine Familie. Und er ist ein Teil davon.

Und weißt du was?

Skipper hätte es nie für möglich gehalten, dass ein so kurzer Augenblick der Stille so laute Folgen haben könnte: Denn kaum war die Kleine auf der Welt, fing der Trubel ja erst richtig an! Manche der Geräusche waren lauter und manche leiser, manche wilder und manche stiller und doch erschufen sie alle zusammen die Melodie eines neuen Lebens.

Und Skipper liebte jeden einzelnen Ton davon!

Ende

Na, was sagt ihr? Oh, was war der arme Skipper am Anfang der Geschichte traurig. Und am Schluss? So glücklich!
Kommt, wir schauen uns mal die Fragen an, ich glaube, es gibt viel zu besprechen.

WAS FÜHLST DU, WAS FÜHLE ICH?

FRAGEN AN DICH:

- Was glaubst du: Weshalb ist Skipper eigentlich weggelaufen?
- Wieso wollte er allein sein?

- Was ist der Grund, weshalb Peer ihn so angeraunzt hat, obwohl er doch einfach nur auf seiner Decke lag und gedöst hat?
- Hast du dich auch schon mal ungerecht behandelt gefühlt oder hast nicht verstanden, warum jemand dich anschimpft?
- Was könnte Skipper schon die ganzen Tage vorher so bedrückt haben?
- Skipper hat ein tolles Zuhause und wird von Peer und Fine geliebt, warum war er trotzdem traurig?
- Vor was hat er sich gefürchtet, kurz bevor er beschlossen hat, doch wieder nach Hause zu kommen?
- Hätten Peer und Fine merken müssen, dass es Skipper nicht gut geht?
- Was hätten sie tun können, damit Skipper nicht weggelaufen wäre?
- Was hättest du an Skippers Stelle getan?
- Hast du dich schon mal so ähnlich wie Skipper gefühlt?
- Darfst du auch mal traurig sein oder finden deine Eltern das schrecklich?
- Gibt es etwas, worüber du sogar öfter traurig bist?
- Wie könnte man jemanden trösten, der traurig ist?
- Was tut dir gut, wenn du traurig bist?
- Merken deine Eltern, wenn du traurig bist?
- Skipper wurde angepampt, obwohl er schon die ganze Zeit so betrübt war. Welches Verhalten tut dir nicht gut, wenn du traurig bist? Und welches Verhalten tut dir besonders gut?

FRAGEN, DIE DU DEINEN ELTERN STELLEN KANNST:

- Wart ihr auch schon mal so traurig, dass ihr am liebsten weggerannt wärt?
- Was hilft euch, wenn ihr traurig seid?
- Was hilft euch überhaupt nicht?

- Könnt ihr euch an eine Traurigkeit von früher erinnern?
- Was war das Traurigste, das ihr je erlebt habt?
- Wie fühlt ihr euch, wenn ich traurig bin?
- Seid ihr früher getröstet worden, wenn ihr traurig wart?

FRAGEN, DIE IHR ALLE GEMEINSAM IN DER FAMILIE BESPRECHEN KÖNNT:

- Wie kommt es, dass man bei Traurigkeit manchmal wütend oder sauer wird statt traurig?
- Wo steckt bei euch im Körper die Traurigkeit?
- Ist es okay, über unterschiedliche Sachen traurig zu sein?
- Soll man über seine Traurigkeit reden oder darf man sie auch für sich behalten?
- Sind auch glückliche und starke Menschen manchmal traurig? Sogar berühmte Superstars, Sportler, Sänger und Schauspieler?
- Was könnte man antworten, wenn jemand sagt: »Jetzt heul doch nicht rum!« oder »Stell dich nicht so an!« oder »Hör sofort auf zu schmollen, sonst ...« und so weiter?
- Welche Sachen machen euch echt traurig, die eigentlich gar nicht so schlimm sind und bei denen man sagen könnte: Davon geht doch jetzt die Welt nicht unter!
- Worüber wart ihr alle zuletzt so richtig betrübt?

Und nun, zum Schluss, stell dir mal vor, dass du morgens aufwachst und ein Traurigkeitstrumm sitzt an deinem Bett. Er steht mit dir auf, legt seinen bleischweren Arm um dich und begleitet dich den ganzen Tag, sodass du kaum einen Schritt nach dem anderen machen kannst. Dann lass jemanden ein Foto von dir machen. Wie du dann aussiehst: Schwer und gebeugt und griesgrämig und mit verheulten Augen.

Recht hast du, so ein Traurigkeitstrumms ist nichts für schwache Nerven. Nur sind sie ja leider unsichtbar. Kleb also das Foto hier rein und zeichne den Trumm dazu.

Und dann zeichnest du noch ein Bild. Wie du mit dem Traurigkeitstrumms ein Eis isst. Mit Erdbeersoße, Schokosoße und Schirmchen. Traurigkeitstrummse hassen nämlich Eis. Davon werden sie ganz traurig, weil sie nämlich ihren tonnenschweren Arm mit dem Löffel nicht zum Mund kriegen. Ha, da können sie einem ja fast leidtun, die armen Traurigkeitstrummse, was?

NEID

> WER NEIDET, DER LEIDET.
> SPRICHWORT
>
> »JEDER WÄRE GERNE CARY GRANT. SOGAR ICH WÄRE GERNE CARY GRANT.«
> CARY GRANT

Neid nervt. Neid ist ein nickeliges Piesackgefühl, das man echt nicht haben muss und das bei grober Betrachtung nicht mal was nutzt, weil man sich während des Neidvorgangs nicht leiden kann, danach noch weniger, und zu allem Überfluss geht es einem hinterher nicht mal besser.

Was also soll dieses Gefühl?

Neid gehört in der katholischen Theologie zu den sieben Todsünden, ist Inhalt der Zehn Gebote und beschäftigte schon Eva und Adams Sohn Kain, der durch Neid zum Brudermörder wurde. Wie die Redewendung sagt, wird man blass, gelb oder grün vor Neid; gerät demnach in einen gesundheitlich bedenklichen, fast ohnmächtigen Zustand. Man verortete in der Antike den Neid in der Galle, diese überflutete den Körper und vergiftete Geist und Seele. Heute weiß man, dass Neid in einem Teil des Frontallappens der Großhirnrinde entsteht, seine stechende, nagende, blassmachende Wirkung hat er beibehalten. Und da nur sehr wenig am System Mensch ohne Sinn vorhanden ist, könnte also auch diese Empfindung irgendeinen Nutzen haben.

Und wer hätte das gedacht, genauso ist es. Zunächst einmal handelt es sich bei Neid um eine sogenannte komplexe Emotion, die sich aus Komponenten von Ärger, Traurigkeit, Angst, Selbstmitleid, Verachtung und Wut zusammensetzt – und dennoch in seiner Erscheinungsform evolutionsbiologisch tief verankert ist. Vor Jahrtausenden galt: Nur wer mehr hatte als andere, konnte überleben.

Und heute? Sind wir global miteinander vernetzt, haben auf allen möglichen Kanälen teil am Leben von Influencern, Promis, Stars, Freunden, Bekannten, Kollegen, Schönen und Reichen; millionenfacher Vergleich innerhalb von Sekunden ist das Normalste der Welt. Auch das schürt Neid, und zwar im großen Stil – laut Selbstauskunft bei jedem dritten Social-Media-Benutzer. Und trotzdem tauchen wir alle wieder und wieder ein in die geschönte Bilderflut inszenierter Perfektion.

Neid hat zwei Seiten, *konstruktiv* wird er genannt, wenn man genau das haben will, was der andere hat, *destruktiv* oder missgünstig kommt er daher, wenn der Neider sich wünscht, die beneidete Person verlöre seine Güter oder Privilegien oder erlitte eine andere Art Schaden, heißt: Was ich nicht habe, gönne ich ihm auch nicht!

Aber wie sind wir Menschen denn drauf, bitte schön? Zeugt es nicht von Doppelmoral, wenn wir jemandem sein Glück verübeln, es aber gleichzeitig für uns selbst einfordern? Ist es nicht ziemlich kindisch, bei anderen die Sachen schlechtzureden, die man selber gerne hätte? Objektiv betrachtet natürlich schon, aber wer im Neid drinsteckt, neigt dazu, seine Manieren zu vergessen. Nur wer einen Schritt zurücktritt, wird sie sehen, die Frage, die das Neidgefühl eigentlich an uns richtet: »Bist du geworden, wer du sein wolltest?«

Ja, die schwarze Seele des Neides ist wirklich hässlich, Gift sprühend und Niedertracht säend. Neid verführt zur Verleumdung oder Lästerei, zur Sabotage oder Gewalt. Neid macht feindselig, blind und unmenschlich. Er kann zwanghaft werden, zu Depressionen führen und das Immunsystem beeinträchtigen.

Neider suchen oft Gleichgesinnte, gemeinsames Lästern macht im ersten Moment stark, im zweiten den Neider aber nur noch unsympathischer. Dessen Selbstwertgefühl wird weiter geschwächt, dadurch erhöht sich die Anfälligkeit für Neid, vorhandener Neid wird geschürt und voila! – da haben wir wieder eine ziemlich dysfunktionale Endlosschleife. Nicht selten werden die Beneideten auch noch in diese Abwärtsspirale mit hineingezogen, wenn beispielsweise Mobbing als Neidstrategie angewendet wird.

Es ist der Selbstwert, den man eigentlich füttern will, durch Neid soll er maximiert werden, durch Neid möchte man seine Stellung in der sozialen Hierarchie behaupten oder verbessern. An dieser Stelle ist es möglich, eine Wahl zu treffen, die Abzweigung liegt vor Ihnen: Wählen Sie konstruktiv oder destruktiv? Je stärker materielle und oberflächliche Werte mit innerer Zufriedenheit verknüpft sind, desto anfälliger ist man für Neid, der sich unweigerlich zu Missgunst steigert.

Aber Neid hat noch viel mehr auf Lager:

- Es gibt Neid auf diejenigen, welche Errungenschaften besitzen oder erhalten, die sie sich nicht selbst verdient haben. Oder gar auf sittenwidrige Weise erworben haben – ohne Konsequenzen, während man sich selbst für die Redlichkeit in Person hält.
- Es gibt Sozialneid und Neid aufs Schicksal, und es gibt Neid auf die Unterschiede zwischen Menschen – Neid innerhalb sozialer Hierarchien.
- Wir empfinden Neid, weil wir denken, uns steht etwas zu, auf das wir ein Recht haben, es uns aber, im Gegensatz zu anderen, vorenthalten wird.
- Neid entsteht, wenn der andere das Ideal-Selbst verkörpert und der Vergleich mit dem realen Ich nicht gerade sensationell gut für einen ausfällt.

- Besonders neidisch sind wir auf uns nahestehende Personen, die eine ähnliche Ausgangssituation oder Lebensweise haben. Dann reagieren wir schon auf kleinste Unterschiede sensibel und neidvoll, plötzlich erscheint uns das Gefälle riesig.
- Wir verspüren Neid, wenn wir nicht sein können, wer wir sein wollen, oder weil wir einen Mangel verspüren, wo realistisch gesehen vielleicht gar keiner ist oder den wir nur in unseren Gedanken erzeugt haben.
- Neidisch ist man, weil man denkt: »Hey, das könnte auch ich sein.«
- Besonders starker Neid keimt auf, wenn die Vergleichsdimensionen einem besonders erstrebenswert erscheinen, wenn einem also der in Frage stehende Wert sehr wichtig ist – wobei man im Umkehrschluss, MRT-Versuche belegen das, in einer solchen Konstellation auch mit entsprechend heftiger Schadenfreude reagiert, wenn man sich vorstellen soll, derjenige verlöre das Neidobjekt.
- Ja, Neid kann Versuchspersonen sogar dazu bringen, ihren eigenen Geldgewinn aktiv zu schmälern, nur damit die anderen Teilnehmer nicht mit mehr Honorar nach Hause gehen.
- Neid kann lähmen, wenn wir uns im Vergleich von vornherein keine Chance geben, aber eine innere Verpflichtung fühlen, so sein zu müssen wie der Beneidete; ein Widerspruch, der quält.
- Neid macht aus Menschen Heimlichtuer, weil sie verhindern wollen, dass andere haben, was sie haben; zu Betrügern oder Intriganten, damit der Beneidete aktiv um seinen Vorteil gebracht wird.
- Neid tötet Freude, weil uns im Vergleich mit dem Beneideten unsere eigenen Erfolge und Errungenschaften plötzlich viel weniger wert erscheinen. Wie perfide, mit Neid schwächen wir uns also doppelt, psychisch und physisch.

- Neid kann uns aber auch antreiben, oft genug ist es überhaupt nicht das Neidobjekt an sich, welches wir gern besäßen, sondern das in unserer Vorstellung damit verbundene Gefühl, welches wir begehren – Und Genau! Dieses! Gefühl! möchte ich auch haben! Aber hey, erst wenn wir ein Begehren in uns verspüren, können wir erkennen, wie wichtig es ist, eigene Ziele zu erreichen, nicht die der anderen nachzuahmen, als wären wir bloß »Naaachmacha«, wie unsere Kinder das ausdrücken würden.

Auf der anderen Seite kann es nicht minder unangenehm sein, um etwas beneidet zu werden – besonders wenn dieser Neid aus der Familie oder dem Freundeskreis kommt und man ihn noch dazu gar nicht nachvollziehen kann und/oder sich von schalen Kommentaren angegriffen fühlt.

Gut, wenn man da einen Neidkopf am Haus hat. Das sind diese hässlichen Fratzen aus Stein, die dafür sorgen sollen, dass böse Geister und unheimliche Mächte nicht neidisch auf die Bewohner werden. Ist keiner vorhanden, müssen Sie wohl selbst aktiv werden und Missverständnisse durch ein offenes Gespräch mit dem Neider aus der Welt schaffen. Businesscoaches raten ihren Klienten in diesem Zusammenhang: Überlegen Sie vorher, was der Grund des Neides ist und wie Sie im Gespräch den vom Gegenüber empfundenen Mangel nivellieren könnten. Also: Geben Sie eigene Fehler, Schwächen und Schwierigkeiten zu. So steigen Sie ganz langsam von dem Podest herunter, auf das Sie der Neider hinaufgehoben hat. Lassen Sie sich nicht auf eine Konkurrenz-Situation ein, nehmen Sie das Rivalitätsangebot nicht an, sondern loben Sie Ihren Neider! Wohlwollende und ernst gemeinte Anerkennung ist Ausdruck einer ausgeprägten Sozialkompetenz – im Umkehrschluss: Jemanden zu beneiden, der einem echte Wertschätzung entgegenbringt, ist fast nicht möglich.

Und noch was: Es soll auch schon vorgekommen sein, dass nicht Neid der Grund dafür war, dass einem die kalte Schulter gezeigt wurde – sein eigenes Verhalten kritisch zu betrachten, soll helfen.

Andererseits – und es wäre geradezu auffällig, wenn es beim Thema Gefühle kein Andererseits gäbe –, geht das Unter-den-Scheffel-Stellen der eigenen Erfolge, nur um keinen Neid hervorzurufen, nicht auf eigene Kosten? Wieso sollen wir Talente nicht zeigen und Erfolge nicht feiern? Ist es für unser Identitätsgefühl nicht ebenso wichtig, Freude über das, was wir erreicht haben oder was uns glücklich macht, auszudrücken und gleichzeitig die Rückmeldung zu erhalten, in unseren Bestrebungen oder einfach nur als Person wahr- und ernst genommen zu werden? Wie sagt der Brite dazu passend: *Don't let anyone rain on your parade*. Nur Sie allein wissen, wie Ihre Haltung dazu ist und wie Sie mit dem Thema für sich stimmig umgehen.

Es gibt also auf der einen Seite Menschen, die zu gönnen in der Lage sind, ohne Missgunst, die neidlos Erfolge und Errungenschaften anderer respektieren oder anerkennen und sich wohlwollend daran erfreuen können. Auf der anderen Seite finden sich die von Neid Zerfressenen, auf ewig Zukurzgekommenen, immer das kürzeste Streichholz Ziehenden … und dazwischen sind sämtliche Schattierungen möglich.

Alles ganz normal also? Oder anders gefragt: Wie wird man der Neidtyp, der man ist?

Es ist eine Frage der Sozialisation. Entscheidend ist die Wertschätzung, die einem als Kind entgegengebracht wird. Hat das Kind ständig das Gefühl, dass andere immer klüger, mutiger, intelligenter, lieber usw. sind, wird dem Neid eine stabile Basis bereitet. Mangelt es auch später im Leben an Anerkennung, stellt man mal ein paar falsche Weichen oder versucht es immer jedem recht zu machen, wird die Neidfalle noch weiter aufgespannt.

Aus der Position des Zukurzgekommenen heraus ist es nicht allzu schwer, missgünstig zu reagieren. Wie soll man auch gönnen können, wenn man keine Gunst zu vergeben hat? Doch eine solche Selbstwahrnehmung ist kränkend, man kann sie unmöglich auf sich sitzen lassen. An dieser Stelle kommen dann selbstwertdienliche Verzerrungen und Umdeutungen ins Spiel, mithilfe derer man sich in die Lage versetzt, seine kognitive Dissonanz zu reduzieren. Und wie machen wir das? Indem wir dem anderen kurzerhand die Wertschätzung entziehen, ihn durch Haltung und Worte zerstören. Man entwertet genau das, um was man ihn beneidet. Ist es niedergemacht, hat man nichts mehr zu beneiden, fertig, zack, erledigt.

Ha, wenn es denn mal so einfach wäre! Würde dieser hübsche kleine Abwehrversuch unserer Psyche funktionieren, wäre die Welt möglicherweise ein nicht besonders spannender Ort, ohne jegliche Hochs und Tiefs. Wir würden uns ein paar abwertende Gedanken machen und uns dann entspannt zurücklegen. Gemütlich, aber unspektakulär. Wie bei so vielem macht auch hier die Dosis das Gift: Das richtige Quäntchen Neid kann ein Anstoß für notwendige Veränderungen, persönlicher und gesellschaftlicher Art sein. Für die Marktwirtschaft ist Neid auf jeden Fall ein wichtiger Motor, um immerzu neue Bedürfnisse in den Käufern zu wecken.

Wäre die Welt besser ohne Neid? Oder würde sie überhaupt nicht funktionieren? Vermutlich weder noch …

Wie also umgehen mit diesem ambivalenten Gefühl? Rauslassen nach dem Motto: »Du Schatz, ich bin so neidisch auf die Frau von Chris, die hat zum Valentinstag ein Wellnesswochenende in der Schweiz und eine Louis-Vuitton-Tasche bekommen und ich nur eine schlappe Supermarktrose mit echt hässlichem Plastikherz!«

Keine gute Idee, auch wenn sich's haargenau so angefühlt hat. Lassen wir uns also vom Neid belehren, wie es die Botschafter-Gefühle ja gernhaben.

Neid macht etwas mit einem selbst, das ist jetzt nicht gerade eine gemütliche Erkenntnis, aber vielleicht führt diese Betrachtungsweise wenigstens zu etwas. Neid ist Ihr körpereigener Mentor, aber so einer, den man insgeheim verflucht, weil er einem die Wahrheiten ungeschminkt um die Ohren haut, statt wenigstens ein bisschen kuscheliges Mitgefühl zu zeigen.

Das Vorgehen ist denkbar einfach: Gestehen Sie sich den Neid ein, akzeptieren Sie, dass Sie vor Neid platzen könnten und so dermaßen stinkeneidisch sind, dass Sie am liebsten und so weiter … Und schon beginnt Ihr Neidmentor mit der therapeutischen Arbeit. Wäre Neid Ihr Coach, würde er Ihnen folgende Fragen stellen:

- Die Frau von Chris hat jetzt eine Louis-Vuitton-Tasche, aber sie hat auch Chris, würden Sie den wollen?
- Nun sagen Sie doch mal ganz ehrlich: Was verschafft Ihnen Zufriedenheit? Wäre es wirklich eine Handtasche oder eine Reise in die Schweiz?
- Wenn Sie sich den Neid als großen Pfeil mit zwei spitzen Enden vorstellen, auf welchen Mangel, auf welches Bedürfnis in Ihrem Leben deutet er?
- Aha, Sie wären also unter anderen Umständen glücklicher? Was also fehlt Ihnen wirklich?
- Kann es sein, dass es Ihr eigenes Problem ist, wenn Sie sich immer mit denen vergleichen, die mehr haben?
- Sind Sie neidisch auf etwas, das Sie bei allem Grämen dennoch niemals werden erreichen können?
- Wäre es also vielleicht klüger, den Wunsch einfach loszulassen – oder zuzulassen, dass Sie traurig sind über verpasste Gelegenheiten, verstrichene Chancen und unwiderruflich vertane Möglichkeiten?

- Sind Sie nur neidisch oder treten Sie sich schon in den Hintern? Heißt: Welchen Preis sind Sie zur Erreichung des Neidobjekts bereit zu zahlen? Und wenn ja: Wie oft waren Sie denn schon Joggen?
- Welches Begehren extrahieren Sie aus Ihrem Neid, welches Big Thing steckt dahinter, welche Grundhaltung, welchen Antrieb vermissen Sie bei sich selbst?
- Sind Sie noch neidisch oder leben Sie schon?
- Schon mal dran gedacht, Ihre Vergleichs-Standards zu ändern, also schlichtweg kleinere Brötchen zu backen? Der Vergleich mit Menschen, denen es nicht so gut geht wie Ihnen sollte nämlich ein Gefühl wecken, das dem Neid schlichtweg überlegen ist, und zwar himmelweit. Es heißt Dankbarkeit!
- Okay, hier kommt doch noch was mit Kuschelfaktor: »Stimmt, es ist nicht leicht, damit fertigzuwerden, wenn jemand das erreicht hat, auf das Sie schon lange hinarbeiten. Drum: Schämen Sie sich nicht für Ihr Neidgefühl. Das ist ganz normal. Und jetzt nehmen Sie sich selbst an der Hand und machen was draus!«
- Kennen Sie noch die Szene in der Sparkassen-Werbung aus den 90er-Jahren: Mein Haus! Mein Auto! Mein Boot!, auf den Tisch gepfefferte Fotos zum Neidschüren beim ehemaligen Klassenkameraden? Übernehmen Sie beim nächsten Neidanfall beide Rollen: Hauen Sie ruhig alles raus, und zwar gnadenlos. Meine Werte! Meine Erfolge! Meine Sammlung! Meine Hobbys! Meine Statussymbole! Meine Familie! Meine Glücksmomente! Machen Sie sich mal so richtig neidisch auf sich selbst. Denn das ist, was in Ihrem Leben zählt, ganz unabhängig von anderen.
- Es heißt, Neid entsteht auch dadurch, dass man nicht wertschätzt, was man hat. Richtig oder falsch?

- Ich sag's nochmal: Das Gegenteil von Neid ist Dankbarkeit. Der Spruch sieht übrigens auch gut aus auf einem Zettel an der Memo-Wand!

Wenn Kinder Neid empfinden, wird das im Allgemeinen von uns Erwachsenen als völlig normal angesehen. Das wächst sich aus, nichts Dramatisches, kennen wir alle, die meisten können sich auch an eigene Eifersuchtsgefühle und Dramen aus ihrer Kindheit erinnern.

Moment. Eifersucht? Bis jetzt war davon nie die Rede, wie kommen wir jetzt darauf, wo es um die Kinder geht? Das liegt daran, dass sich Neid und Eifersucht im Kindesalter auf der Gefühls- und Reaktionsebene eher vermischen und nicht so klar definitorisch voneinander abzugrenzen sind.

Während sich Neid tendenziell auf etwas bezieht, das man nicht hat, aber gerne besäße, ist Eifersucht die Angst davor, etwas zu verlieren, was einem schon gehört. Diese Angst spielt im Kindesalter verständlicherweise eine große Rolle und ist nicht mit erwachsener Eifersucht in verschiedenen Beziehungskonstellationen vergleichbar. Das Gefühl, auf jemanden oder etwas neidisch zu sein, erleben die Kinder zuerst um das dritte Lebensjahr. Und das liegt nahe, ist es doch der Zeitpunkt, an dem Ihr Nachwuchs beginnt, sich selbst in Abgrenzung zu anderen zu erleben: Das bin ich, das habe ich, das will ich und das sind die anderen, das haben die anderen, das wollen die anderen. Eine explosive Entwicklungsspanne in vielerlei Hinsicht.

Dass Ihr Kuschelchen nun auch das zweischneidige Schwert des Vergleichens entdeckt hat, macht es nicht leichter. Die naheliegendste Quelle dieser Vergleiche sind die Kitafreunde oder Geschwister. Was hierbei ganz besonders zählt, ist die totale Gleichbehandlung in jedweder Form. Hört sich nahezu unmöglich an? Richtig! Denn jedes Kind hat seine eigenen Bedürfnisse und Ansprüche, auf die Eltern und Erzieherinnen ganz individuell und trotzdem gerecht reagieren. Aber wie soll das ein Menschlein verstehen, das erst seit kaum tausend Tagen auf dieser Welt ist?

Wird Ihre Familie dann noch durch ein Geschwisterchen komplettiert, ist das Chaos mitunter perfekt: Aufmerksamkeit, Anerkennung und Zeit müssen von einem auf den anderen Tag und bis in alle Ewigkeiten geteilt werden, das kann ein Kleinkind schon mal an seine Grenzen bringen. Aber da das Konzept »Geschwister« zum Glück nicht kleinzukriegen ist, scheinen Sie als Eltern die Sorgen und Befürchtungen Ihrer Erstgeborenen in der Regel gut, vernünftig und gelassen im Griff zu haben. Denn ja, es ist normal, dass man in einer Familie nicht immer als Erster dran ist, dass man warten muss, zurückstecken, verzichten, tolerieren, teilen, kurz mal was Unangenehmes aushalten – das ist das Leben. Und trotzdem stehen Geschwister weit oben auf der Wunschliste von Kindern, und das kann Sie doch mal ganz gelassen stimmen, auch wenn unter dem Nachwuchs gerade eine wilde Zeit herrscht.

Was aber, wenn aus normalem Geschwisterneid eine das Familienklima beeinträchtigende, weil kräftezehrende und zermürbende Rivalität wird? Wenn die wilde Zeit einfach nicht aufhört? Haben Sie da jetzt was falsch gemacht?

Mal ehrlich, gleicher als gleich kann man seine Kinder doch nicht behandeln, oder? Was Sie schon alles getan haben, das kann man ja keinem erzählen: Den Nachtisch mit der Küchenwaage abgewogen? Die Weihnachtsgeschenke auf den Cent genau berechnet? Lob und Tadel per Strichliste gezählt, weil Sie einfach nicht nachvollziehen können, was da zwischen Ihren Kindern abgeht, dieser ständige Streit um Nichtigkeiten, die ausgefochten werden, als ginge es ums Überleben?

Klingt belastend. Ist es auch.

Besonders häufig geschieht das bei Geschwistern mit gleichem Geschlecht und geringem Altersabstand, klar, die Interessen, Spielzeuge, Fähigkeiten oder Aktivitäten sind oft ähnlich, noch dazu sind bis zu fünfzig Prozent ihrer genetischen Merkmale identisch. Solche Geschwister erleben sich fast wie eins, sie verbringen die meiste Zeit miteinander, sind ständig in unmittelbarer Interaktion. Der perfekte Nährboden für Neid.

Oft geht es bei diesen Kämpfen um so viel mehr als das umkämpfte Objekt. Nämlich um Persönlichkeitsbildung, um den Platz im Rudel, um die Frage: Wer bin ich eigentlich? Dass es Fähigkeiten, Eigenschaften und Talente gibt, die besser ankommen und mehr Entzückung hervorrufen als andere, wird Ihren Sprösslingen im Vergleich schnell klar. Schwierig, wenn das Kind erst mal in einer solchen Konkurrenz-Situation drinsteckt. Bleibt die ziemlich drängende Frage, wie man mit dem, was man selbst vorzuweisen hat, ebenfalls punkten kann.

Nun ja, vielleicht gab es in Ihrem Familienleben doch schon mal ein paar Situationen, in denen es Ihnen einfacher erschien, die Geschwister miteinander zu vergleichen, statt sich auf die Zunge zu beißen und die mühsamere Vorgehensweise zu wählen? Bestimmt finden wir alle das ein oder andere Beispiel. Strapazierender, aber weitaus sinnvoller ist diese Strategie: Verständnis dafür zeigen, dass jedes Ihrer Kinder völlig selbstverständlich hundert Prozent Ihrer Aufmerksamkeit, Kraft, Energie und Geduld für sich beansprucht. Damit das möglich ist, bräuchten Sie Magie – einen Zauberstab oder eine Wunschfee. Bis das weltweite Zentralregister für Magie aber Zeit findet, Ihren Antrag zu bearbeiten, hilft nur die gute altmodische Art und die könnte so aussehen:

Wenn Ihr Kind Halsschmerzen hat, können Sie nachvollziehen, dass es ihm nicht gut geht, dass es leidet – und Sie mit ihm. Gehen Sie im übertragenen Sinne in der nächsten Eifersuchts- oder Neid-Situation von einem ähnlichen Schmerzfaktor aus: Machen Sie sich bewusst, dass sich Ihr Kind gerade scheußlich fühlt, auch wenn ihm nichts körperlich weht tut. Neid kann genauso lästig sein wie Halsweh, das einen bei jedem Schlucken piesackt. Ist Ihr Kind gerade neidisch, machen ihm wahrscheinlich auch schöne Dinge keinen Spaß mehr. Ihr Kind hat für die Emotion Neid noch kein anderes Handlungsschema parat als das, was es gerade präsentiert. Egal, wie es handelt, es fühlt sich schrecklich – auch dann, wenn es aus dem Wettstreit als vermeintlicher Sieger hervorgeht.

Bleiben wir bei dem Halsschmerz-Vergleich: Wenn Ihr Kind erkältet ist, überprüfen Sie die körperlichen Symptome, reagieren mit Taschentuch, Fiebermessen und viel Liebe. Versuchen Sie einmal, in einer Neid-/Eifersuchts-Situation ähnlich zugewandt zu agieren. Und damit ist nicht die Belohnung eines unerwünschten Verhaltens durch Aufmerksamkeit gemeint, sondern eine Grundhaltung nach dem Motto: »Ich höre und verstehe dein Gefühl. Was hat es ausgelöst und was können wir dagegen tun? Wodurch wird es weniger und was würde am besten helfen?«

Achten Sie auch besonders auf die Kommunikation. Verkneifen Sie sich öfter mal das Aussprechen von Leistungskriterien wie »schneller«, »besser«, »früher als« usw. Vermeiden Sie auch Kontrastierungen und Zuschreibungen wie »die Kleine«, »die Große«, »der Sportliche«, »der Langsame«, »die Schüchterne«. Machen Sie sich bewusst, dass man oft genau jene Eigenschaften des Kindes lobt, für die man selber früher ebenfalls Anerkennung bekam oder die einem wichtig sind (z. B. Fleiß, Selbständigkeit, Ordnung), und dabei übersieht, wie kreativ, sozial und kontaktfreudig das andere Kind ist. Achten Sie darauf, dass Sie diese Haltung auch gegenüber Verwandten oder Großeltern beibehalten: »Ja, Max konnte das entscheidende Tor schießen, und Paul hat mit Breakdance angefangen, er ist richtig super.« So betonen Sie, besonders für die Ohren der Kinder, dass beide Begabungen und Hobbys von Ihnen als gleichwertig angesehen werden.

Ermöglichen Sie rivalisierenden Geschwistern eine klare Abgrenzung und eine Entwicklung, die ihren Talenten entspricht, auch wenn Sie selbst damit nichts anfangen können oder alles noch umständlicher oder zeitaufwendiger wird – der hoffentlich mit dieser Maßnahme gewonnene Frieden macht vieles wieder wett.

Oft hilft, die Geschwister ganz konkret nach ihrer Meinung zu fragen, welche Stärken und Talente sie beim anderen sehen. So machen Sie beide mitverantwortlich für das Wohlergehen des anderen. Ihre innere Haltung: Wir fokussieren uns ab jetzt auf die Unterschiedlichkeiten und Stärken, nicht auf unsinnige Vergleiche: »Tom ist soundso, und das ist okay, weil …«; »Juli macht gerne dies und das, und das ist prima, weil …« Vermitteln Sie ihnen, dass jedes Ihrer Kinder anders ist, aber gleich wertvoll, weil Sie sich beide gewünscht haben und über beide genau gleich freuen. Fragen Sie Ihre Kinder, woran sie das merken könnten. Oder gibt es auch Situationen, bei denen sie sich ungleich behandelt fühlen? Kinderfeedback kann hart sein, aber nur so kriegt man ihre Perspektive auf den Schirm.

Wenn es um Teilungsneid (er/sie hat mehr Cornflakes als ich, ihr/sein Schokoladenstück ist aber größer, immer kriegt der/die mehr, das ist gemein!) geht, habe ich hier vielleicht einen nicht ganz unnützen Tipp: »Einer teilt, einer sucht aus« heißt er und bewährt sich seit Jahren. Der Teiler wird versuchen, so gerecht wie möglich zu sein, weil der Aussucher die Wahl hat, und der Aussucher kann gelassen teilen lassen, weil er sich später das vermeintlich größere/schönere Stück/Teil nehmen kann. Unschlagbar!

Mitunter ist ein Streit unter Geschwistern auch vielmehr ein Eltern-Test als ein echter Zwist: Für wen wird der Schiedsrichter, also Sie, wohl Partei ergreifen? Das muss ja dann eindeutig das Kind sein, das Sie mehr lieben. Eine heikle Situation, aus der Sie sich nur raushalten können. Wenn keine Gefahr im Verzug ist, die Ihr Eingreifen nötig macht, gilt hier: Nichts wie weg und raushalten. Überlegen Sie sich einen Standardspruch: »Bin gleich wieder da, muss nur meine Schiedsrichterpfeife suchen gehen!« Oder werfen Sie eine Aussage wie »Ich geh jetzt runter, den Zwerg weitersuchen, der mir eben in den Fuß gebissen hat« in den Raum und machen Sie, dass Sie wegkommen. Nicht vergessen, Sie sollten tatsächlich auf allen vieren suchend anzutreffen sein, wenn die Neugier die Streithähne übermannt.

Zugegebenermaßen komme ich selbst damit schwer klar, wenn meine Töchter sich zanken. Es kommt sehr selten vor, aber mir wird regelrecht elend dabei. Was aber von Anfang an geholfen hat, ihr Verhältnis so eng und vertrauensvoll zu machen, wie es jetzt ist: Ich nehme ihren Streit nicht persönlich. Ich halte mich raus, ich schleiche mich weg, denn er hat nichts mit mir zu tun! Ich sorge für eine Aussprache und eine Annäherung, wenn die Wogen wieder geglättet sind. Ich stärkte bewusst und vom ersten Tag an ihre Geschwisterliebe und Loyalität untereinander. Ich wirkte darauf hin, dass die beiden eine eingeschworene Gemeinschaft bilden und sich immer aufeinander verlassen können. Ich sagte ihnen das wörtlich, auf Augenhöhe, einander an der Hand haltend, einen Kreis bildend. Ich lobte sie öfter mal in einem Aufwasch, das stärkte das Wir-Gefühl ungemein. Ich sorgte dafür, dass beide aufeinander neidlos stolz sein können, weil sie wissen, dass der Erfolg der einen den Wert der anderen niemals mindern kann. Das hat alles sehr viel einfacher gemacht.

Ein kleiner TV-Tipp am Rande: Schauen Sie sich die Serie *This Is Us – Das ist das Leben* an, Sie sparen sich und Ihrer Familie Jahrzehnte beim Therapeuten!

Wie immer, wenn es um Emotionen und Erziehung geht: Sie sind das größte Vorbild für Ihre Kinder! Es wird ja gemunkelt, dass das Verhalten der Kinder mitunter jenes der Eltern widerspiegelt … Also, ganz ehrlich: Wann haben Sie zuletzt vor Ihren Kindern über andere gelästert? Leben Sie Ihren Kindern vor, dass man sich mit gehässigen, neidvollen Kommentaren bezüglich anderer zurückhalten sollte. Vermitteln Sie Ihrem Nachwuchs, wie man die Leistungen anderer wertschätzend anerkennt, ohne sich selbst dabei minderwertig oder unzureichend vorkommen zu müssen – eine ganz klassische Lektion fürs Leben, nicht nur fürs Kind.

Haben Sie vielleicht öfter mal das Gefühl, dass Ihr Kind über Gebühr neidisch auf die Besitztümer seiner Freunde ist, obwohl sein Kinderzimmer einer myToys-Filiale gleicht? Hinterfragen Sie selbstkritisch, ob Sie als Eltern gesteigerten Wert auf materielle Dinge legen und diese Haltung unbewusst oder ganz offen an Ihr Kind weitergeben. Denn wie heißt es so schön: Man kann den Wind nicht ändern, aber die Segel anders setzen. Sensibilisieren Sie Ihr Kind für Werte, die man nicht kaufen oder bestellen kann. Schenken Sie öfter ausdrücklich gemeinsam verbrachte Zeit, einen abenteuerlichen Ausflug, bei dem das Erlebnis im Vordergrund steht, nicht vorgefertigte Bespaßung – das Gefühl, das Sie Ihrem Kind damit schenken, ist unendlich wertvoller als das zweihundertachtundsiebzigste Spielzeug.

Trotzdem sollte natürlich nicht jeder Neid auf eine konkrete Sache konsumkritisch zerredet werden. Machen wir uns nichts vor, manchmal will man halt einfach GENAU ein solches Spielzeug auch, besonders nachvollziehbar, wenn es um kleine Fun-Spielzeuge, nicht um kostspielige Statussymbol-Technik geht. Jeder kennt die Begeisterungswellen für Beschäftigungsspielwaren vom Zauberwürfel (hatten Sie auch einen?) bis zum Fidget

Spinner, das ist normal wie nur was – und ganz sicher können Sie sich an eine ähnliche Situation in Ihrer eigenen Kindheit erinnern.

Entwickeln Sie ein Gespür dafür, wann hinter Neidgefühlen eben nicht der Wunsch nach einer konkreten Sache steckt, sondern eher das Bedürfnis nach demselben Beifall oder der gleichen Bewunderung, dem gleichen Mut, wenn Freundinnen oder Geschwister ihr Können auf Rad/Skateboard/Fußballplatz/Bühne/Instrument präsentieren. Vielleicht will Ihr Kind auch mal im Mittelpunkt stehen, will mutiger sein, bewundert oder bestaunt werden. Fragen Sie es doch einfach! Ihre Tochter oder Ihr Sohn kann nur das Gefühl ausdrücken, für die Detektivarbeit sind Sie zuständig! Hierfür kann es natürlich kein Patentrezept geben, die Bedürfnisse Ihres Kindes sind so individuell wie es selbst. Aber ein offenes »Du bist also neidisch/eifersüchtig, erklär doch mal … was könnten wir tun … was wäre deine Idee … ist es wirklich Sache XY oder bist du eher eifersüchtig, dass …«-Gespräch kann es nur leichter machen.

Also, um nochmal auf die Ausgangsfrage mit der Gleichbehandlung zurückzukommen: Gleich ja, aber nicht absolut. Bedürfnisgerecht und nicht mit der Stoppuhr, denn worum geht es noch gleich in diesem Buch?

Um Gefühle, richtig. Und nur das GEFÜHL, gleich stark geliebt zu werden, kann aus konkurrierenden Kindern miteinander verbundene Geschwister machen. Die beste Medizin gegen Neid ist also die Zuneigung der Eltern, am besten mehrmals täglich und nach Bedarf (zu Risiken und Nebenwirkungen fragen Sie Ihre eigenen Eltern!).

Diesmal gibt es vor Prof. Schlau-Meiers Neidgeschichte noch ein paar Extra-Anti-Neid-Tipps für die älteren Kinder. Denn als

Teenager mit Neid klarzukommen kann ganz schön kompliziert sein, wenn man ihn nicht von seinem Gegner zum Mitspieler macht:

FRAU PROF. SCHLAU-MEIERS ANTI-NEID-HINWEISE FÜR KINDER IM TEENAGERALTER:

- Steh zu deinem Neid, aber steh auch dazu, dass nur DU an deiner Unzufriedenheit etwas ändern kannst.
- Ist dir das, was der andere besser kann oder hat, WIRKLICH so wichtig?
- Kauf dir auf keinen Fall das Neidobjekt; es auch zu besitzen macht in 99% der Fälle keinen Spaß.
- Setze dir realistische Ziele und sorge dafür, dass du sie aus eigenen Stücken erreichst.
- Siehe den Neid als einen Drill Instructor an: Ansporn ist seine Strategie. DU willst was, dann tu was!
- Bleib fair und grenze dich und andere nicht ab.
- Wer den Mut hat, ganz er selbst zu sein, wird mehr Anerkennung erhalten als Mitläufer oder Aufwiegler.

FRAU PROF. SCHLAU-MEIERS NEIDGESCHICHTE

Kindeeer, kommt in meine Arme, ich habe ja genug! Brrr, jetzt wird es richtig fies. Nitzelpritz Neidgewürz ist wirklich ein unangenehmer Geselle. Aber hört selbst …

UNGEBETENER BESUCH

Es ist mal wieder so weit.

Nitzelpritz Neidgewürz steht vor der Tür und möchte reinkommen. Bloß mal ganz kurz vorbeischauen. Er will auch nicht lang bleiben.

»Ich darf doch?«, fragt er und drängelt sich an Hanna und Ben vorbei und läuft ins Kinderzimmer.

Hanna und Ben sehen sich an. Wie konnte das denn passieren? Sie dürfen doch niemanden reinlassen, schon gar nicht, wenn sie allein zu Hause sind. Aber irgendwie ist die Tür von ganz allein aufgegangen, und schon war er drin!

Hanna und Ben folgen Nitzelpritz Neidgewürz in ihr Zimmer. Dort haben sie gerade auf dem Teppich gespielt und gemeinsam eine total verrückte Zukunftsstadt aufgebaut.

Es gibt Unsichtbarmachgeschäfte, schwebende Skateboards und einen riesigen Zuckerwattebrunnen aus Lego. Für die Füllung hat Hanna gerade

Mamas Wattebäusche aus dem Bad geholt. Doch nun steht Nitzelpritz Neidgewürz mitten auf der Kreuzung zwischen dem Wasserspielplatz und dem Minihubschrauberparkplatz und stippt mit der Fußspitze, tipp, tipp, tiiipp, so lang an den Legobrunnen, bis er umkippt.

»Zeit für Neid«, sagt er dabei gehässig und sieht Ben herausfordernd an.

Prompt fühlt Ben in seinem Bauch einen fiesen Stich. Nitzelpritz Neidgewürz hat völlig recht. Alle werden nachher nur den Zuckerwattebrunnen bestaunen. Weil Hanna ja sooo erfinderisch ist. Sie wird das ganze Lob abkriegen und bloß über ihre Ideen reden, und niemand wird sich für seine Einfälle interessieren.

»So sieht doch kein Brunnen aus«, ruft er deshalb. »Du kannst überhaupt kein Lego bauen.«

»He«, schimpft Hanna und lässt die Wattetüte fallen, um ihren Brunnen zu retten. »Warum machst du ihn kaputt?«

»Weil er doof ist«, ruft Ben.

Wutentbrannt wischt Hanna den Schuhkarton mit den kleinen Alufolienkügelchen beiseite, die Ben mühevoll gerollt und aufgespießt hat.

»Mein Solarpark, bist du bescheuert!«, brüllt Ben.

Tränen schießen ihm in die Augen. Blind vor Wut greift er nach einer Puppe und schleudert sie auf seine Schwester.

»Aua, aua«, kreischt Hanna.

Als Papa nach wenigen Minuten wieder da ist, muss er die tobenden Zwillinge auseinanderzerren, so sehr fetzen sie sich inmitten ihrer zerstörten Zukunftsstadt.

»Man kann euch nicht mal allein lassen, um zum Briefkasten zu gehen«, schimpft er stinksauer. Das ewige Gezanke geht ihm sowas von auf die Nerven.

Nitzelpritz Neidgewürz reibt sich die Hände. Das läuft ja geradezu hervorragend! Ach, und da hat er ja auch für Papa was entdeckt ... Er winkt ihn zu sich ans Fenster, und Papa kann gar nicht anders, als hinauszuschauen.

»Ha, war ja klar, da sitzen sie wieder«, denkt Papa.

Nitzelpritz Neidgewürz lächelt ihm wissend zu und klopft ihm auf die Schulter. Tja, man hat es nicht leicht mit solch perfekten Bilderbuch-Traumnachbarn, was?

Papa nickt und merkt, wie seine Laune immer schlechter wird. Diese dauernde Harmonie, das hält ja kein Mensch aus. Die Nachbarskinder sind immer gut gelaunt und spielen fröhlich miteinander. Und jetzt haben sie sich auch noch diesen superschicken Pool in den Garten bauen lassen, während es ihm mit Mühe und Not gelungen ist, das alte Plastikplanschbecken nochmal aufzupumpen.

»Das haben die alles überhaupt nicht verdient«, stellt Nitzelpritz Neidgewürz klar und Papa nickt zustimmend.

»Wo die das ganze Geld herhaben, möchte ich auch gern mal wissen«, murmelt er.

»Wär doch jetzt lustig, wenn das Ding einen Riss hätte und sie alles wieder ausbuddeln müssten, was?« Nitzelpritz Neidgewürz bricht in hämisches Gelächter aus und Papa lacht mit, obwohl ihm überhaupt nicht nach Lachen zumute ist.

Herrlich, denkt Nitzelpritz Neidgewürz und setzt sich aufs Sofa, um auf Mama zu warten.

Als ihm die Warterei zu langweilig wird, läuft er zu Hanna und erinnert sie daran, dass Leonie heute von der Lehrerin für ihr Bild vor der ganzen Klasse so gelobt wurde, als hätte es noch kein Kind fertiggebracht, einen blöden Baum zu zeichnen – dabei sind es doch eigentlich immer Hannas Bilder, die am besten aussehen. Nitzelpritz Neidgewürz grinst und schaut auch rasch bei Ben vorbei. Ihm macht er nochmal mit aller Deutlichkeit klar, dass sich niemand für seine komischen Technikspinnereien interessiert, weil es tausend Mal wichtiger ist, gut Fußballspielen zu können, worin Ben ja nun leider wirklich ein Totalversager ist, anders als Nick, der Stürmer, das ist ihm ja wohl hoffentlich klar.

Als Mama endlich da ist, freut sich Nitzelpritz Neidgewürz sehr. Endlich kann er ihr genüsslich mitteilen, wie fürchterlich gestresst, müde und fertig sie aussieht. Er bringt Mama sogar den kleinen Handspiegel aus dem Bad, um ihr zu zeigen, wie verheerend es um sie steht. Mama muss sich tatsächlich setzen, so erschrocken ist sie von ihrem eigenen Anblick. Wie recht Nitzelpritz Neidgewürz hat.

Es kann halt nicht jede so gelassen sein wie die Mutter von Hannas Freundin, die sie heute Morgen getroffen hat. Der scheint es ja wohl völlig egal zu sein, dass man ihr ansieht, dass sie erst vor Kurzem ein Baby bekommen hat, nächtelang keinen Schlaf kriegt und entsprechend fix und fertig aussieht.

»Wie kann man nur so erledigt sein und trotzdem so eine Ausstrahlung haben?«, mault Mama.

Nitzelpritz Neidgewürz zuckt mit den Achseln. »Tja, aber auf diese Art wird sie im Leben ganz sicher nichts erreichen«, sagt er.

Mama nickt. »Die und Karriere«, murmelt sie, »vergiss es.«

Nitzelpritz Neidgewürz hüpft noch eine ganze Weile vergnügt neben Mama her und zählt noch viele weitere Frauen auf, die sportlicher sind als Mama, frischer aussehen und eine tollere Figur haben, mehr Geld verdienen, die besseren Mütter sind und das ganze Drum und Dran mit Familie und Beruf Millionen mal gelassener und perfekter im Griff haben.

Mama seufzt.

Als das Abendessen fertig ist und alle am Tisch sitzen, stellt sich Nitzelpritz Neidgewürz natürlich einen Stuhl dazu. Das Essen duftet, eine Kerze brennt und die Zwillinge dürfen jede Menge Limo trinken, wie immer freitags. Mama hat ihre Füße in Papas Schoß gelegt und Papa gießt beiden ein Schlückchen Wein ins Glas.

Es geht allen gut. Nur Nitzelpritz Neidgewürz nicht. Eigentlich sollte doch hier jetzt eine richtig miese, gedrückte Stimmung herrschen. Alle sollten in ihrem Essen herumstochern, sich angiften und vor lauter Neid auf irgendwas bei irgendwem völlig blind für all das hier sein!

Aber das tun sie nicht!

Nitzelpritz Neidgewürz springt auf. Seine Zähne sind zusammengepresst, und auf der Stirn ist eine steile Falte zu sehen. Pah, ist ja die reinste Zeitverschwendung, noch länger hier herumzusitzen.

Er sieht aus dem Fenster. Aha, der glückliche Pool-Nachbar repariert etwas im Garten, und seine Kinder sind auch noch draußen. Wunderbar, es wäre doch gelacht, wenn sich da nichts machen ließe!

»Ich komme wieder«, murmelt Nitzelpritz Neidgewürz und geht zu den Nachbarn rüber. »Zeit für Nei-heid«, tiriliert er und schlendert zum Gartentor hinein.

»Mit wem fange ich an?«, murmelt er.

Da bemerkt er, wie der Mann zum Nachbarhaus hinüberschaut, wo man Hanna, Ben, Mama und Papa bei Kerzenschein beim gemeinsamen Abendessen sitzen sieht. Nitzelpritz Neidgewürz klopft ihm verständnisvoll auf die Schulter. »Ach, dass Ihre Frau es mit dem Arbeiten aber auch immer so übertreiben muss, was? Beim Anblick der beiden Turteltauben kann man ja direkt neidisch werden, oder?«, flüstert er fies.

Nitzelpritz Neidgewürz kichert zufrieden, als der Mann wütend die Werkzeugkiste zuknallt und ins Haus geht.

Als Nächstes tippt er dem kleinen Mädchen auf die Schulter: »Also ehrlich, stimmt das wirklich, du kannst immer noch nicht Radfahren? Hanna von gegenüber konnte es sogar schon mit vier Jahren! Du bist wirklich eine solche Enttäuschung. Wie kann man nur so ein Angsthase sein?«

Nitzelpritz Neidgewürz reibt sich die Hände, als das Mädchen ein rotes Gesicht bekommt und versucht, die Tränen zurückzuhalten.

Vergnügt schlendert Nitzelpritz Neidgewürz auf ihren Bruder zu. »He, du, Kleiner ...«, ruft er.

Und so geht es weiter und weiter, der Neid erwischt jeden Menschen, egal, ob groß, klein, jung oder alt, jaja, Nitzelpritz Neidgewürz besucht uns alle. Und bald wird er auch bei euch vorbeikommen ...

Ende

Na, da schüttelt es einen richtig, was? Oh, ich kann Nitzelpritz Neidgewürz nicht ausstehen.

Kommt, darüber müssen wir dringend reden.

WAS FÜHLST DU? WAS FÜHLE ICH?

FRAGEN AN DICH:

- Warum zerstört Ben in der Geschichte die tolle Stimmung mit einem Neidanfall?
- Warum kann Hanna ihrer Schulfreundin das Lob der Lehrerin so schlecht gönnen?
- Das Nachbarmädchen hat sogar einen eigenen Pool, trotzdem ist sie neidisch auf Hanna – wieso nur?
- In der Geschichte ist Papa auf den Nachbarn neidisch, aber der Nachbar auch auf Papa, aus ganz unterschiedlichen Gründen. Kannst du dir denken, wieso?
- In der Geschichte findet Mama sich selbst nicht hübsch und viel zu müde, sie beneidet aber eine Frau, die noch viel müder und abgekämpfter ist als sie – was hat das zu bedeuten?
- Was versuchen sich Mama und Papa in der Geschichte selbst einzureden, damit ihr Neidgefühl nicht mehr so schlimm ist?
- Wie findest du ihre Gedanken?
- Worauf warst du zuletzt neidisch oder eifersüchtig?
- Wo saß das Gefühl in deinem Körper, und was genau hast du dabei gespürt?
- Worauf warst du schon mal neidisch und später war es dir überhaupt nicht mehr wichtig?
- War schon mal jemand neidisch auf dich? Und wie hast du darauf reagiert?

- Findest du Neid gut oder schlecht oder was anderes?
- Wie könnte man sich vor Neid schützen?
- Oder anders: Hat dich dein Neidgefühl auch schon mal zu etwas Gutem gebracht?
- Gibt es etwas, auf das du neidisch bist, aber es dem anderen trotzdem gönnst?
- In welchen Situationen bist du eifersüchtig auf dein(e) Geschwister?
- Was würde dir in einer solchen Situation helfen?
- Wusstest du, dass auch berühmte Stars neidisch werden können, selbst wenn sie sich die ganze Welt kaufen könnten und alles haben, was sie wollen? Worauf könnten sie neidisch sein?

FRAGEN, DIE DU DEINEN ELTERN STELLEN KANNST:

- Worauf wart ihr als Kinder neidisch?
- Wart ihr damals auch mal auf eure Geschwister eifersüchtig?
- Seid ihr jetzt immer noch manchmal auf sie eifersüchtig?
- Was tut ihr gegen das doofe Gefühl, wenn man neidisch ist?
- Auf wen oder was seid ihr im Moment oder immer mal wieder neidisch?
- Ist euch euer Neid peinlich?
- Was macht ihr, damit ihr euch dann wieder besser fühlt?
- Gibt es etwas, das ihr aneinander beneidet?
- Warum nervt es Eltern so, wenn ihre Kinder eifersüchtig oder neidisch sind?

FRAGEN, DIE IHR ALLE GEMEINSAM IN DER FAMILIE BESPRECHEN KÖNNT:

- Was könnte man antworten, wenn jemand sagt: Ach, du bist doch bloß neidisch! Oder: Sei bloß nicht neidisch!

- Habt ihr schon mal jemanden neidisch auf euch gemacht, um euch besser zu fühlen oder anzugeben?
- Was könntet ihr aneinander beneiden, gönnt es dem anderen aber so richtig?
- Kennt ihr jemanden, der sehr oft neidisch ist und dem man anmerkt, dass ihr oder ihm das gar nicht guttut?
- Gibt es eigentlich auch richtig gute und vernünftige Gründe für Neid?
- Seid ihr auch manchmal alle aufeinander eifersüchtig oder neidisch?
- Welche gemeinsamen Strategien können wir uns ausdenken, um es Nitzelpritz Neidgewürz bei seinem nächsten Besuch so richtig schwer zu machen, euch mit seinem Neid anzustecken?
- Würde ein lautes »Du schaffst es nicht, mich neidisch zu machen!« helfen?
- Und wenn er es doch geschafft hat, denn Nitzelpritz Neidgewürz ist ein Meister seines Faches, wie könntet ihr damit umgehen, was würde euch allen gemeinsam helfen?

Und jetzt bin ich gespannt, wie du Nitzelpritz Neidgewürz malst. Hier ist ganz viel Platz dafür:

ÜBERRASCHUNG

»MENSCHEN, DIE IMMER DARAN DENKEN, WAS ANDERE VON IHNEN HALTEN, WÄREN SEHR ÜBERRASCHT, WENN SIE WÜSSTEN, WIE WENIG DIE ANDEREN ÜBER SIE NACHDENKEN.«

BERTRAND RUSSEL

»STETS FINDET ÜBERRASCHUNG STATT, DA, WO MAN'S NICHT ERWARTET HAT.«

WILHELM BUSCH

Was war die größte Überraschung Ihres Lebens? Liegt auf Ihrem Gesicht ein Lächeln, wenn Sie daran zurückdenken? Ja, Überraschung ist wahrlich ein wundersames Gefühl. Es gibt sich nicht besonders kompliziert oder knifflig, auch nicht sonderlich heikel, zickig oder gefahrenträchtig. Überraschung gilt nicht als Grundlage oder Auslöser von psychischen Störungen, sie löst, falsch angewendet oder fehlerhaft erlernt, keine dysfunktionalen Denkmuster oder Verhaltensweisen aus oder richtet auch sonst keinerlei potentiellen Schaden an.

Nein, Überraschung ist einfach nur so … Tadaaa!, einfach da.

Sie passiert. Spontan und unbeeinflussbar. Man kann sich in sie nicht, wie in andere Gefühlszustände, selbst rein- und wieder rausquatschen oder einfach hineinversetzen – das funktioniert nicht.

Überraschung ist eine ganz ehrliche Haut. Wunderbar schwarzweiß.

Endlich mal ein Gefühl, das keinen allzu großen Interpretationsspielraum bietet! Entweder man ist überrascht oder eben nicht. Dazwischen gibt es nichts. Deswegen ist es vielleicht auch gar nicht schlecht, dass man immer nur für den Bruchteil einer Sekunde überrascht ist. Wäre man es länger, könnte man das Ganze so oder so auslegen, es würden sich Fehler und Schwachstellen einschleichen und wir hätten ein weiteres, in seiner Komplexität und Dynamik kompliziertes Gefühl am Start. Haben wir aber nicht.

Das Einzige, was sich die Überraschung auf die Fahne beziehungsweise Stirn (oder zumindest den schmalen gefältelten Streifen, der zwischen Haaransatz und den bis aufs Höchste hochgezogenen Augenbrauen noch übrig bleibt) schreiben kann, ist, dass sie heftig polarisiert. Und darauf ist die Überraschung total stolz. Manche mögen Überraschungen, manche können sie nicht ausstehen, und nein, wir reden hier nicht von bösen Überraschungen, die wohl keiner leiden kann. Und klar, was das durchschnittliche Überraschungs-Verlangen im täglichen Leben angeht, gibt es selbstverständlich fließende Übergänge. Ich persönlich bin so ein langweiliger »Nur keine Überraschung ist eine gute Überraschung«-Typ, weil schon an einem ganz normalen Tag am Schreibtisch meine Unkalkulierbarkeitstoleranz am Limit ist. Aber weil die Überraschung, die mir beim Schreiben dieses Kapitels quasi über die Schulter lugt, mault, dass es über sie so gar nichts Spektakuläres zu berichten gibt, wollte ich zumindest den knallharten Polarisierungseffekt unbedingt erwähnt haben. Habe ich hiermit also getan, gern geschehen.

Aus Mangel an emotionswissenschaftlichen Fakten über dieses Gefühl wollte ich in diesem Kapitel auch viel Platz für Fotos von überraschten Gesichtsausdrücken lassen. Aber diesen Plan habe ich verworfen. Denn wenn man es genau nimmt, gibt es davon gar keine. Zumindest keine echten, spontanen, ungestellten.

Um den authentischen Augenblick der Überraschung einzufangen, diesen verblüfften, das Gesicht völlig öffnenden Ausdruck, muss man schon die Kamera im Anschlag halten wie bei der Kleinen unten rechts auf dem Buchcover. Ich wüsste zu gerne, was Sie ihr gezeigt haben! Innerhalb von Sekundenbruchteilen setzt nämlich bereits die Gewöhnung an ungewohnten Reiz ein, und der überraschte Gesichtsausdruck verschwindet so schnell, wie er gekommen ist.

Aber wir wollen der Überraschung mal nicht ganz so Unrecht tun, natürlich gibt es auch systematische Untersuchungen, die sich explizit mit Überraschung beschäftigen, allerdings wenige. Und es gibt auch Überraschungstheoretiker – noch weniger – sowie psychologische Prozessmodelle – noch sehr viel weniger –, die die Überraschung als Reaktion auf sogenannte schemadiskrepante Ereignisse untersuchen.

Grob zusammengefasst funktioniert Überraschung demnach so: Unser Denken, Handeln und Wahrnehmen wird von gut organisierten und hochkomplexen Wissensstrukturen gesteuert, sogenannten Schemata. Zur Verbildlichung: Unser Toiletten-Schema umfasst das Wissen, wie man eine handelsübliche Toilette benutzt, welche Handgriffe, Bewegungen und Vorgehensweisen sich dabei bewährt haben. Dieses Schema kommt automatisch zur Anwendung, wenn das stille Örtchen ruft, und es passt auch – mehr oder weniger –, wenn man ein fremdes WC oder eines in der (nahen) Fremde benutzt. Ein solches westeuropäisches Toiletten-Schema gelangt jedoch, wie Reisende berichten, stark an seine Grenzen, wenn nicht komplett zum Erliegen, trifft man beispielsweise das erste Mal völlig unvorbereitet und mit dringendem Bedürfnis auf ein digitales, vollautomatisiertes japanisches Washlet.

Das heißt, wir befinden uns im täglichen Leben in einem fortwährenden, unbewussten Prozess der Schema-Überprüfung, was uns in die Lage versetzt, Ereignisse vorherzusehen und zu interpretieren. Der Überraschungsmechanismus wird dann aktiviert, plötzlich und ununterdrückbar, wenn eine Diskrepanzmeldung rausgeht: Moment, hier ist was anders als erwartet, Schwellenwert überschritten, Reaktion erforderlich! Der Sinn der darauffolgenden mikrokurzen Überraschungsreaktion ist, eine rasche Anpassung an die Situation zu ermöglichen. Laufende Prozesse werden kurz angehalten, das Gesicht entgleist, und das Gehirn meldet lediglich GUT oder SCHLECHT. Aber die Überraschung wirkt auch langfristig, und zwar, indem das Schema aktualisiert, korrigiert oder erweitert wird.

Es wird angenommen, dass die Emotion Überraschung evolutionsgeschichtlich einen wichtigen Aspekt hatte, die unbewusste Bewertung der Schemadiskrepanz für das eigene Befinden: Überraschungen waren für unsere Vorfahren eher ungut, und die rechtzeitige Entdeckung bzw. korrekte Interpretation der Situation zuweilen lebensrettend. In diesem Zusammenhang geht man auch davon aus, dass das Aufreißen der Augen dazu diente, möglichst viele Sinneseindrücke auf einmal aufnehmen zu können.

Doch womit uns die Überraschung wirklich überrascht, ist Folgendes: Möglicherweise ist sie nämlich gar keine Basisemotion. Vielleicht sogar überhaupt keine Emotion!

Die Überraschung weist zwar viele Klassifikationsmerkmale einer Basisemotion auf, wie zum Beispiel der universelle Gesichtsausdruck, das genügt manchen Emotionspsychologen allerdings nicht. Sie argumentieren, dass eine echte Emotion stets die Einschätzung der Bedeutung für das eigene Wohlergehen zur Folge haben müsse. Überraschung sei jedoch lediglich ein kognitiver Zustand, die Vorstufe einer Emotion, weil sich die Einschätzung, also die überraschte Reaktion bloß auf die schemadiskrepante, sprich unerwartete Situation beziehe.

Und? Zufrieden? Ich schon. Denn da haben wir es wieder: Wenn es um Gefühle geht, ist am Ende nichts so eindeutig, wie es am Anfang erscheint.

Lassen Sie uns also jetzt über die Kinder reden.

Wussten Sie zum Beispiel, dass Babys über dreihundert Knochen haben, bei Erwachsenen sind es aber nur noch 206? Oder das hier: Bis ein Baby mit zweieinhalb Jahren einigermaßen trocken ist, hat man es ungefähr sechstausend Mal gewickelt. Sechs. Tausend. Mal! Ach ja, und das Gewicht eines Babys verdreimilliardenfacht sich zwischen Zeugung und Geburt. Würde es dann so weiterwachsen wie in seinem ersten Lebensjahr, wäre es mit achtzehn fünf Meter groß. Und ist es nicht überraschend, dass das Gehirn von Kleinkindern …

Sie merken, worauf ich hinauswill: Es gibt eine Menge überraschende Fun Facts über Babys und Kleinkinder, aber nicht viele wissenschaftliche Aussagen über unsere Kapitel-Hauptperson im Zusammenhang mit der Gefühlsentwicklung von Kindern. Leider ist auch nicht bekannt, in welchem Alter Kinder das erste Mal Überraschung verspüren, wie sie wirkt oder überhaupt relevant dafür ist, dass aus ihnen mal bindungsstarke, resiliente, glückliche Erwachsene werden und all diese überaus wichtigen Dinge.

Man scheint tatsächlich davon auszugehen, dass die Überraschung sich selbst regelt. Und wenn Sie mich fragen, ist das weitestgehende Fehlen von überraschungswissenschaftlichen Untersuchungen im Kindesalter der Grund dafür, warum das Überraschungs-Ei erfunden wurde. Aber diese Überlegung ist natürlich noch nicht vollständig publikationsreif. Die schönsten Überraschungsmomente Ihrer kleinen Schätze werden sowieso für immer in Ihrem Herzen sein.

Hier kommt deshalb die Überraschungsgeschichte zum drüber Reden und um schöne Überraschungsmomente nochmal gemeinsam zu durchleben.

FRAU PROF. SCHLAU-MEIERS ÜBERRASCHUNGSGESCHICHTE

Kindeeer, kommt in meine Arme, ich habe ja genug!

Jetzt wird es turbulent ... Und ich freue mich schon drauf, eure eigenen Überraschungsgeschichten zu hören, das wird mal eine lustige Runde!

ÜBERRASCHUNG!

Als die Überraschung heute Morgen aufwachte, hatte sie richtig miese Laune.

Überraschungen haben oft miese Laune. Um ehrlich zu sein, fast ständig. Dann strecken sie sich vorm Spiegel die Zunge raus, finden sich selbst doof und langweilen sich schrecklich.

Wenn eine Überraschung einen richtig blöden Morgen hat, hilft nichts anderes, als gleich nach dem Frühstück an die frische Luft zu gehen. Meist wird die Laune von Überraschungen bei einem kleinen Spaziergang nämlich gleich viel besser.

Und warum ist das so? Weil Überraschungen nicht gern allein sind. Ganz im Gegenteil, sie lieben es geradezu, andere mit ihrer Anwesenheit zu überfallen. Je unverhoffter und unvorhergesehener sie jemanden überrumpeln können, desto prächtiger wird ihre Laune.

Deswegen hüpft unsere miesgelaunte Überraschung, die, kaum hat sie die ersten Schritte vor die Tür gesetzt, schon gar nicht mehr sooo schlecht drauf ist, voller Vorfreude los. Und weil Überraschungen nicht laufen, sondern hopsen wie Flummis, dongst und wungert sie sich flipperkugelmäßig und völlig chaotisch durch die Gegend.

So kommt es auch, dass sie auf die unterschiedlichsten Menschen treffen kann. Und treffen ist genau der richtige Ausdruck, denn quert man den verrückten Gummisprungflug einer Überraschung, ist es auch schon um einen geschehen. Und das sehen wir uns jetzt einmal genauer an.

Die Überraschung wungst also los, pong, knall, wusch, hoch, weit, tief und so weiter, bis ein Schulkind um die Ecke biegt und voll in die Überraschung hineinrumpelt. Wie herrlich, das hat ja schon mal bestens geklappt! Die Überraschung könnte platzen vor Aufregung.

Sie wuselflummtt um das Schulkind herum und muss bloß darauf warten, bis von ganz alleine passiert, was sie als »Pfannkuchengesicht« bezeichnet. Am allerbesten findet die Überraschung es, wenn zwischen Zusammenprall und Pfannkuchengesicht noch ein wenig Zeit verstreicht. Dann wird ihre Vorfreude noch größer – und das macht so viel Spaß! Aber was soll das Pfannkuchengesicht sein? Ganz einfach, es ist der Gesichtsausdruck, den die Menschen immer machen, wenige Sekunden, nachdem sie mit der Überraschung zusammengestoßen sind. Und so sieht es meistens aus: rund und platt und glänzend und strahlend und süß, wie ein Pfannkuchen, der aus der Pfanne gewirbelt wird, einen Salto dreht und sich juchzend wieder auffangen lässt.

Hibbelig wartet die Überraschung also auf das Pfannkuchengesicht des kleinen Jungen. Und da geht es auch schon los. Zunächst bleibt das Kind abrupt auf dem Gehweg stehen. Dann geht es einen Schritt zurück und lugt ins Gras, das rund um einen Baum auf dem Grünstreifen wächst. Es bückt sich. Und dann: PFANNKUCHENGESICHT!

»Wow!«, ruft der Junge dazu und streicht den Fünfeuroschein glatt, den er zwischen den Grashalmen entdeckt hat. »Fünf Euro«, ruft er mit blitzenden Augen. Als er den Schein in die Tasche steckt, strahlt er übers ganze Gesicht. Hey, das ist ja genau die Summe, die ihm noch gefehlt hat, um sich das Technikset zu kaufen, für das er schon so lange spart.

»Jaaa!«, jubelt er nochmal und läuft dann weiter zur Schule.

Die Überraschung winkt ihm nach, kichert dann vor Freude, klatscht in die Hände und veranstaltet ihren typischen, ziemlich verrückten Es-hat-geklappt-Tanz, mitten auf dem Gehweg.

»Wie toll, wie toll, wie toll«, denkt die Überraschung und ihre Laune ist wirklich schon ein gutes Stückchen besser geworden.

Aber natürlich hat sie immer noch nicht genug. Deshalb springt sie voller Kraft los und wird von Bäumen, Hauswänden und Straßenschildern auf ihrem wirren Weg weitergeleitet.

In einer kleinen Gasse flippert sie auf eine alte Dame zu, die gerade dabei ist, eine schwere Einkaufstasche die Eingangsstufen hinaufzutragen. Sie ächzt vor Anstrengung und verzieht dann traurig das Gesicht. Diese Schmerzen in der Hüfte werden immer schlimmer. Wie soll sie nur die schwere Tasche hoch in den dritten Stock bekommen? Da öffnet sich die Haustür, und ein junger Mann kommt herausgeeilt. Er trägt sein Fahrrad über der Schulter und sieht ziemlich verstrubbelt aus. Wie konnte es nur passieren, dass er den Wecker nicht gehört hat, er darf heute auf gar keinen Fall zu spät zur Uni kommen.

»Perfekt«, denkt die Überraschung, und wumm, macht sie einen letzten Hüpfer und tongst ganz behutsam in die alte Dame hinein. Und ab diesem Zeitpunkt läuft, wie üblich, alles von selbst. Und das geht so: Der eilige Student entdeckt die schmerzgeplagte Nachbarin auf der Treppe.

»Achtung bitte, aus dem Weg«, denkt er, »ich muss wirklich ganz schnell vorbei.« Doch statt sich eilig an ihr vorbeizudrängeln, macht er plötzlich genau das Gegenteil. Er dreht sich um, läuft in den Hauseingang zurück, stellt sein Fahrrad bei den Briefkästen ab, pellt sich aus der Umhängetasche und tritt wieder nach draußen.

»Darf ich Ihnen das hochtragen?«, fragt er freundlich. »Kommen Sie, ich trage Ihnen das hoch, ja?«, wiederholt er. »Am besten, Sie haken sich bei mir ein, dann geht es auch leichter mit dem Treppensteigen«, fügt er hinzu.

Die Nachbarin sieht auf.

Die Überraschung hält vor Spannung die Luft an. Ja, ja, ja, gleich wird es wieder geschehen ... PFANNKUCHENGESICHT!!!!

Doch die Verblüffung auf ihrem Gesicht sieht ganz anders aus als die des Schulkindes. Nicht so quietschefröhlich, dafür irgendwie ergriffener.

»Aber ...«, sagt die Frau, doch da hat sich der Student schon die Einkaufstasche geschnappt und der Nachbarin seinen Arm angeboten.

»Kein Problem, so viel Zeit muss sein«, sagt er, geleitet sie langsam Stufe für Stufe nach oben und trägt ihr die Einkäufe in die Küche. »Sagen Sie gerne Bescheid, wenn Sie Hilfe brauchen oder ich Ihnen etwas aus einem Geschäft mitbringen soll«, ruft er zum Abschied und stürmt die Treppen wieder hinunter. Pfeifend radelt er zur Uni.

Die Überraschung bleibt noch einen Moment bei der alten Dame und freut sich an der schönen Stimmung, die plötzlich in der Luft liegt. Dann winkt sie, dongelt die Stufen hinunter und hopst auf die Straße. Mal sehen, wen sie noch treffen kann ...

Ende

WAS FÜHLST DU? WAS FÜHLE ICH?

Oh, das hat Spaß gemacht. Ich hoffe, die Überraschung dongelploppt als Nächstes in mich hinein. Oder in dich? Noch besser! Bis es so weit ist, hab ich mir mal wieder tausend Fragen ausgedacht, vielleicht ist ja was Passendes dabei!

FRAGEN AN DICH:

- Was glaubst du, wen die Überraschung als Nächstes trifft?
- Was würdest du mit überraschend gefundenen fünf Euro machen?

- Überraschungen können ganz unterschiedlich sein – was genau war die Überraschung für die alte Dame?
- Wie hat sie sich hinterher gefühlt?
- Weshalb hat der Student sich überraschenderweise dazu entschieden, der Nachbarin zu helfen, obwohl er es so eilig hatte?
- Es gibt kleine und große Überraschungen: Was wäre für dich eine große Überraschung – und was eine kleine?
- Sind große Überraschungen automatisch auch immer toller als kleine?
- Was war deine schönste Überraschung?
- Hast du schon mal jemanden überrascht? Wie hast du das gemacht? Wie hast du dich dabei gefühlt?
- Welche böse Überraschung hat dich so richtig sauer oder ärgerlich gemacht oder dich sogar erschreckt?
- Glaubst du, dass alle Menschen Überraschungen mögen?
- Wen würdest du mal richtig gerne überraschen und womit?
- Weißt du, womit du deine Eltern mal so richtig überraschen könntest?
- Schreibe hier auf, welche vollkommen verrückte, megariesige Irrsinnsüberraschung du dir wünschst:

FRAGEN, DIE DU DEINEN ELTERN STELLEN KANNST:

- Habt ihr auch schon mal jemanden mit einem (freundlichen, verrückten, seltsamen, wunderbaren …) Verhalten überrascht, das ganz untypisch für euch war?

- Seid ihr mal von jemandem mit etwas überrascht worden, womit ihr niemals gerechnet hättet?
- An welche Überraschung, die ihr als Kind erlebt habt, könnt ihr euch noch gut erinnern?
- Welches war eure schönste und welches eure unangenehmste Überraschung?
- Habt ihr schon mal so getan, als wärt ihr überrascht, obwohl ihr es gar nicht wart? Hat es geklappt?

FRAGEN, DIE IHR ALLE GEMEINSAM IN DER FAMILIE BESPRECHEN KÖNNT:

- Zeigt her eure Überraschungsgesichter (Überraschung kann man nämlich ziemlich gut nachstellen) und macht alle zusammen ein Selfie mit der Überschrift: »Was für eine sensationell tolle Überraschung!«
- Und jetzt das Gleiche noch für eine »Oh Mist!«- »Das kann ja wohl nicht wahr sein!«-Überraschung.
- Was fühlt ihr, wenn ihr für jemanden eine Überraschung plant?
- Welche klitzekleinen Überraschungen machen euch so richtig gute Laune?

- Mit was überrascht ihr euch gerne selbst und ist das dann eigentlich eine echte Überraschung?
- Habt ihr schon mal eine Überraschung geplant, die dann völlig schiefgegangen ist oder überhaupt nicht gut ankam oder wie sagt man – so richtig nach hinten losging?
- Welche Überraschungen/schlechten Scherze sollte man sich verkneifen – und warum?

Und hier ist Platz für lauter schöne Bilder von Pfannkuchengesichtern, ausgeschnitten, gemalt oder fotografiert:

SCHAM

> »WO WIR UNS NICHT SCHÄMEN SOLLTEN, DA SCHÄMEN WIR UNS, UND WO WIR UNS SCHÄMEN SOLLTEN, DA SCHÄMEN WIR UNS NICHT«, MEINTE **DEMOPHILOS**.
>
> »MENSCH: DAS EINZIGE LEBEWESEN, DAS ERRÖTEN KANN. ES IST ABER AUCH DAS EINZIGE, WAS GRUND DAZU HAT!«
> **MARK TWAIN**

Wofür schämen Sie sich?

Nein, keine Sorge, es gibt keine leeren Zeilen, in die Sie Ihre Antwort eintragen sollen, niemand möchte Sie beschämen – das Thema des Kapitels ist schon unangenehm genug.

Aber eingefallen ist Ihnen bestimmt etwas, nicht wahr? Ein Hauch von Erinnerung an dieses Gefühl als Kind oder eine aktuelle Situation? Es gibt, das behaupte ich einfach, kein menschliches Wesen, das hier Nein antworten könnte, ohne zu lügen.

Ja, sich für oder wegen etwas zu schämen, fühlt sich so schlecht an. Scheußlich. Klebrig und nicht abwaschbar. Auch nach Jahren nicht. Ach, was sage ich, Jahrzehnten! Scham ist mühsam, anstrengend, lähmend, ultralanglebig und extrem haftfest.

Piksen wir das Gefühl Scham aus diesem Grund mit der Nadel auf einen Objektträger und versuchen, es mit Abstand zu betrachten, so neutral und objektiv, wie es nur geht, sonst kommen wir hier keinen Schritt weiter. Scham ist nämlich ein Vordrängler-Gefühl, es schubst ohne Rücksicht alle anderen zur Seite und boxt sich so lange in die erste Reihe, bis man es wahrnehmen MUSS.

Und dann ist man ewig damit beschäftigt, in alten Geschichten zu wühlen.

Die Fähigkeit, Scham zu empfinden, gilt als angeboren. Scham selbst wird jedoch als »erweiterte Emotion« bezeichnet, weil sie von sozialen Triggern ausgelöst wird. Emotionsforscher sprechen von verschiedenen Schamformen:

- Die *empathische Scham* ist jene, die wir empfinden, wenn wir die Scham einer anderen Person mitfühlen.
- Von *Gruppenscham* oder *Kollektivscham* wird gesprochen, wenn man für andere Personen, Gruppen, Institutionen oder geschichtliche Ereignisse Scham empfindet.
- Die *Intimitätsscham* kommt ins Spiel, wenn etwas in die Öffentlichkeit getragen wird, das privat, intim und persönlich ist.
- Wie sich *Fremdschämen* anfühlt, wissen wir alle. Der Begriff steht übrigens seit 2009 im Duden.
- Von *Anpassungsscham* spricht man, wenn wir (vermeintlichen) Erwartungen und Normen unserer Mitmenschen nicht entsprechen und daraufhin gemobbt, ausgegrenzt oder gemieden werden.
- Die *Körperscham* ist ein wichtiges Charakteristikum der menschlichen Lebensform: Wie und welche Art von Nacktheit als beschämend empfunden wird, variiert zwischen verschiedenen Kulturen und Zeiten und umfasst definitorisch auch die Scham für Beschaffenheit und Aussehen des eigenen Körpers.
- Davon abzugrenzen ist das sogenannte *Bodyshaming*, bei dem andere Personen aufgrund ihres Aussehens beleidigt oder beschämt werden und sich dann für einen vermeintlichen Makel schämen.
- Den durch *geschlechtsspezifische Scham* bestimmten Rollenklischees nicht zu genügen, unterliegt ebenfalls einem lebhaften historischen Wandel.

- Fallen im Alter Fähigkeiten weg oder werden mühsamer, kann diese Erfahrung *Kompetenzscham* auslösen.
- Die *Gewissensscham* umfasst die Wertvorstellungen unseres Selbst und fragt: Haben wir dagegen verstoßen, haben wir uns schuldig gemacht oder sind wir uns etwas schuldig geblieben?

Scham löst, das kann jeder bestätigen, viele komplexe Empfindungen aus. Die Ursachen für dieses Gefühl sind hingegen vergleichsweise simpel: Wer Scham empfindet, hat vorher ein Gefühl der Entwertung, der Entwürdigung, der Machtlosigkeit oder Entehrung erlebt, ausgelöst durch andere oder aus sich selbst heraus. Das heißt, man ist beschämt worden, hat beschämt, hat Beschämendes erlebt, schämt sich selbst angesichts einer Tat oder eines Gedankens.

Scham wird von den meisten Menschen regelrecht als schmerzhaft erlebt, im übertragenen und tatsächlich auch im wörtlichen Sinne. Der Körper reagiert mit verschiedenen klassischen Stresssymptomen: Er steigert zum Aufwärmen erst mal die Durchblutung, damit man schön rot anläuft; veranlasst einen zu Verlegenheitsgesten, indem er uns stottern, den Kopf senken und eine zusammengezogene Körperhaltung einnehmen lässt; und greift dann richtig tief in die Trickkiste der Stresshormone, die Herzrasen und Schwindel auslösen können. Dann gibt er noch eine Extraportion Glukokortikoide aus, mit bestem Gruß von dieser fiesen, inneren Beklommenheit.

Das wirklich Erstaunliche daran: Scham löst im Körper eine astreine Immunantwort aus. Entsprechende Botenstoffe, die normalerweise bei einer handelsüblichen Infektion dafür sorgen, dass Sie kürzertreten, weil Sie sich schlapp und antriebslos fühlen, werden umso stärker ausgeschüttet, je größer die empfundene Scham ist. Ständige Scham, so der Umkehrschluss, gefährdet also durchaus die Gesundheit.

Aber es geht noch weiter: Im Augenblick des Bewusstwerdens von Scham antwortet das Immunsystem mit einem speziellen Botenstoff, der uns für einen kurzen Moment wie gelähmt fühlen lässt. Als Auslöser für diese Reaktion hat man den Stirnlappen der Großhirnrinde identifiziert; ist dieser geschädigt, verlieren Betroffene auch jegliches Schamgefühl – sie verhalten sich asozial oder stellen sich unbemerkt selbst bloß, während gleichzeitig die klassischen Basisemotionen völlig unbeeinträchtigt sind.

Scham kann sich so dermaßen vernichtend anfühlen, dass man in einem solchen Moment geneigt ist, sich nichts sehnlicher zu wünschen, als dass sich der Boden auftun und einen verschlucken möge – ein absolut surrealer und zur Schambewältigung völlig ungeeigneter Wunsch, den alle kennen, die schon mal ein intensives Schamerlebnis hatten.

Stattdessen kommt es noch schlimmer: Der Wunsch nach sofortiger Unsichtbarkeit wird uns nicht nur verweigert, sondern von unserem eigenen Körper sogar konterkariert, indem er uns diese hübsche Schamesröte ins Gesicht zaubert, gerne noch einhergehend mit plötzlichem Aufquellen der Gesichtszüge. Wie eine Leuchtboje signalisieren wir der Umwelt nun, dass wir uns nicht nur wegen eines irgendwie gearteten Geschehens schämen, sondern uns zusätzlich noch für die Scham schämen.

Kleiner Trost: Scham (für ein Versehen, eine Ungeschicklichkeit, wenn Ihnen beim Einkaufen zum Beispiel ein Glas Sauerkirschen auf dem Boden zerschellt) weckt in der Regel Mitgefühl. Verhielte man sich angesichts seines Missgeschicks arrogant, ungerührt oder gar schamlos, würde man damit keinerlei Sympathien erwecken und sich auch keine Hilfe oder Hilfsbereitschaft erwarten können. Die Scham des Betroffenen führt also dazu, dass andere Hilfe anbieten.

Umgekehrt gilt: Personen, die häufig unter Schamgefühlen leiden, versuchen diese so sehr zu vermeiden, dass sie jeglichen Situationen, in denen sie sich blamieren könnten, aus dem Weg gehen, beispielsweise einer Hilfeleistung in einer Notfallsituation. Diese Unterlassung, aus Angst vor Schamgefühlen für andere oder sich selbst einzustehen, kann weiter dazu führen, dass diese Personen sich ebenfalls mit Zuständen arrangieren, die eigentlich problematisch für sie sind, etwa wenn sie auf etwas in ihrer Arbeitsumgebung eigentlich allergisch sind, belästigt werden o. Ä. Scham ist häufig auch der Grund, dass Menschen keine Vorsorgeuntersuchungen, zahnärztliche oder medizinische Hilfe in Anspruch nehmen.

Doch nochmal zurück zum aufgespießten Exponat: Wozu denn jetzt das Ganze mit dieser Scham? Ist Scham nicht fürchterlich altmodisch? Scham im 21. Jahrhundert, also bitte! Kann man in den 2020ern immer noch nicht sagen, denken und tun, wozu man lustig ist?

Aber ja! Wenn Sie als Einsiedler auf einem unbewohnten Atoll im Pazifischen Ozean leben.

Für alle anderen gilt: Schamgefühl ist weder retro noch vintage und auch nicht aus purer Schikane Bestandteil des menschlichen Emotionsfundus nein, Scham, so könnte man sagen, ist die Integrationsbeauftragte unter den Gefühlen. Und ja, sie drängelt und ist unangenehm vorlaut, aber sie sorgt mit ihrem Auftritt dafür, dass wir uns als Individuen sozialisieren und gleichzeitig innerhalb einer Gruppe oder Gemeinschaft »funktionieren«. Innerhalb der jeweiligen Kultur sind Schamgefühle sehr spezifisch, sie spiegeln gängige Werte und Ansichten wider. Wer dagegen verstößt, muss in der Regel mit einer irgendwie gearteten Reaktion rechnen.

Aber, wo Licht ist, gibt's auch Schatten. Viel Schatten. Gerade weil Scham ein so wirkungsvolles Mittel zur Durchsetzung von Regel- und Normenkonformismus in ihrem speziellen, kulturellen Kontext ist. Was sich mit dem sprichwörtlichen »an den Pranger stellen« und dem Schandpfahl im 13. Jahrhundert weltweit verbreitete, also die öffentliche Bestrafung mit verschiedenen brachialen Mitteln (sogenannte Ehrenstrafe), die ein normales Weiterleben in der Gesellschaft so gut wie unmöglich machte, funktioniert online als Bloßstellung von Personen/Handlungen in den sozialen Medien wie auch in der realen Welt. Das amerikanische Justizsystem führt das Anprangern (unter vielen anderen Ländern) auch heute weiter fort – als Bestrafung durch öffentliche Beschämung, sogenanntes Public Shaming oder Public Humiliation: Täter werden beispielsweise dazu verurteilt, T-Shirts mit der Beschreibung ihres Verbrechens zu tragen; Listen mit Namen von Steuersündern und Sexualstraftätern werden veröffentlicht; auch die auffällige Kleidung der Insassen von Haftanstalten zählt dazu. Shaming ist in der internationalen Politik mittlerweile zu einem mächtigen Instrument geworden, das überall auf der Welt zu Manipulationszwecken und als Druckmittel benutzt wird (Klimaschutz, Menschenrechtsverletzungen, Artensterben, Kriegsverbrechen …).

Und weil wir gerade im Schatten unterwegs sind: Scham und Schuldgefühle hervorzurufen, um ein Opfer zum Schweigen zu verdammen, oft sein Leben oder zumindest viel zu lang, ist so perfide wie simpel und »verhilft« Tätern, besonders im Dunkelfeld von Missbrauchstaten, oft genug zur Straffreiheit. Kinder, wir werden niemals aufhören, euch davor zu warnen und euch über diesen fiesen Mechanismus aufzuklären: Wenn jemand zu euch sagt, ihr dürft etwas zu Hause nicht erzählen, dann TUT IHR GENAU DAS GEGENTEIL!

Bleiben wir bei der Metapher mit der Integration und was das mit uns selbst zu tun hat: Wie jede gute Integrationsbeauftragte gibt die Scham nicht nur Tipps, welches Verhalten oder welche Ansichten in ihrem gegenwärtigen Lebensumfeld unangemessen sind. Sie präsentiert im selben Aufwasch auch gleich ein paar

Anregungen zum Selbststudium: Auf *Schamgefühl* folgt *Selbstreflexion*; diese gibt uns Hinweise zur *Bewältigung* der Scham – im besten Falle.

Neben dem pädagogischen Lerneffekt wirkt Scham als Selbstschutz und Hemmschwelle, besonders wenn es darum geht, unsere körperliche Intimität und Privatheit zu bewahren. Was einigen Menschen besser, anderen schlechter gelingt und Unbeteiligte manches Mal zur Fremdscham zwingt, wobei die jeweiligen Grenzen, auf beiden Seiten, natürlich fließend sind. Interessanterweise aktiviert Fremdschämen dieselben Hirnareale, die auch beim Beobachten körperlicher Schmerzen gefordert sind, also jene, in denen das Konstrukt Mitgefühl verarbeitet wird.

Okay, sagen Sie, gut, man muss mit den Konsequenzen klarkommen, wenn man sich nicht an die Tipps der Integrationsbeauftragten hält und un-verschämte Dinge tut oder sagt, völlig klar. Aber warum schämt man sich mitunter sogar seiner Gedanken? Geht das nicht ein wenig zu weit? Schließlich steht doch überall, dass man sich selbst respektieren und annehmen soll und so weiter und so kuschlig, aber denken und fühlen darf ich trotzdem nicht alles?

So ist es, auch hier schreitet die Scham ein. Denn beim Fühlen von Scham sind IMMER andere Menschen involviert, ob die nun direkt vor Ihnen stehen oder Sie mutterseelenallein beschämende Gedanken hegen. Sie haben nämlich von Kindesbeinen an gelernt, in einem System zu existieren, dessen Regeln nicht nur für die anderen, sondern auch für Sie gelten und vice versa – Stichwort gesunde, stabile und funktionierende Nähe-Distanz-Regulierung zwischen Bezugspersonen. Oder anders gesagt: Sie wissen einfach, was sich gehört und was nicht.

Scham als sozial konditioniertes Gefühl funktioniert als eine Art verinnerlichter Beobachter. Und genau der ist es, vor dem man sich schämt, ob das nun gerechtfertigt ist oder nicht.

Wie intensiv Schamgefühle erlebt werden, hat, dreimal dürfen Sie raten, mit dem Selbstwertgefühl zu tun, natürlich. Dementsprechend ist es für die psychische Gesundheit von großer Bedeutung, wie mit Scham-Erlebnissen umgegangen wird. Personen mit stabilem Selbstwertgefühl agieren unabhängiger vom Urteil ihrer Mitmenschen und geraten umso seltener in Situationen, die als peinlich oder beschämend angesehen werden könnten. Falls es doch mal passiert, wissen sie derlei Situationen zu handhaben, können Missgeschicke wegstecken, ohne sich tiefgreifend wertlos oder bloßgestellt zu empfinden. Für alle anderen wird es schwieriger, zumal es immer leichter wird, sich im klebrigen Netz von Scham zu verfangen – durch Social Media gehen die schambesetzten Vergleichsmöglichkeiten mittlerweile Richtung unendlich. In schweren Fällen kann sich Scham bis zur Selbstverachtung steigern und eine Vielzahl von psychischen Erkrankungen, wie Depressionen und Angststörungen, triggern – besonders dann, wenn Betroffene durch ihre schweren Schamgefühle in Isolation geraten, Ohnmachtsgefühle entwickeln oder traumatisiert werden.

Okay, Scham schützt Grenzen, die eigenen und die der anderen; ist also eigentlich sehr gut, fühlt sich nur doof an. Aber hat diese Emotion noch etwas vorzuweisen außer der Schutzschirm- und der Gesellschaftskitt-Sache? Immerhin kann sie immensen Schaden anrichten und tiefgreifenden Einfluss auf ganze Lebensentwürfe oder auch die sexuelle Identitätsfindung nehmen.

Ja, hier kommt es, das kleine Scham-Goodie: Ist Ihnen schon mal aufgefallen, dass Scham die eigene Perspektive verzerrt? Oft hält man nämlich bei sich allerlei für absolut unverzeihlich, defizitär, ungenügend oder fehlerbehaftet, wohingegen dasselbe uns bei anderen nicht die Bohne stört oder überhaupt gar nicht auffällt! Für fortgeschrittene Mit-den-eigenen-Gefühlen-in-Kontakt-

Steher kann Scham also einwandfrei als lehrreicher Seelenquickie durchgehen!

Der Vollständigkeit halber möchte ich noch kurz über den Unterschied zwischen Scham und Peinlichkeit reden. Schließlich wollen wir die Begriffe später wieder genüsslich synonym verwenden, also komme ich nicht drum herum, sie erst mal zu differenzieren.

Beide, so viel ist ihnen gemein, zählen zu den »selbstbewussten Emotionen«, das bedeutet, sie können nur von Lebewesen empfunden werden, die in der Lage sind, sich von außen zu betrachten, und wissen, dass sie einer Bewertung durch andere unterliegen.

Der entscheidende Unterschied: Peinlichkeit (die echte, scheußliche, nicht die Meine-Güte-bin-ich-doof–Selbstgespräche-Peinlichkeit) braucht Zeugen. Insofern war das Kirschenglasbeispiel wahrscheinlich auch eher eines für eine peinliche Situation mit sogenanntem »unkontrollierbaren Widerfahrnischarakter« als für eine Situation, in der man Scham empfindet.

Doch Scham unterscheidet sich von Peinlichkeit nicht nur durch die Intensität, sondern auch durch die Art und Weise, wie man die Situation wahrnimmt: In beiden Fällen gibt es eine Diskrepanz zwischen Ideal- und Real-Selbst. Peinlich ist es, wenn diese Diskrepanz aus einer Fehlleistung, einem Versehen, einer missglückten Selbstdarstellung resultiert. Beschämend wird es, wenn eine negative Selbstbewertung ins Spiel kommt; schämen kann man sich also auch, wenn niemand außer Sie selbst die Ursache dafür kennen. Außerdem müssen Sie selbst die Verantwortung dafür getragen haben, Sie waren frei und absichtsvoll in dem, was Sie getan, gesagt oder gedacht haben: Ihr Verhalten, das Sie nun beschämt, unterlag einer Freiwilligkeit, was bedeutet, dass Sie eine Verhaltensalternative hätten wählen können. Beispiel: Sie haben jemanden verraten, betrogen oder hintergangen.

Gut, schon fertig. Nun haben wir das Exponat Scham ausführlich besprochen und können es zu den anderen an die Wand hängen.

Bleibt die Frage, wie man eigentlich mit diesem ganzen Schamschlamassel umgehen soll? So mannigfaltig die Hintergründe eines Schamgefühls sein können, so vielfältig sind auch die Handlungsstrategien, wenn es einen erwischt hat. Und wie üblich präsentiert sich uns die ganze Bandbreite zwischen zerstörerischem und heilendem Umgang mit dem Gefühl der Scham. Haben Sie schon mal erlebt, dass Ihnen jemand an den Kopf geworfen hat, Sie seien immer so schrecklich dies oder ständig so fürchterlich das – obwohl Sie die genannten Eigenschaften so gar nicht selbst an sich entdecken können? Manchmal kommt es vor, dass Menschen Verhaltensweisen, für die sie sich selbst schämen oder die sie unbewusst ausleben, auf andere projizieren. Auf diese Weise funktioniert übrigens auch Mobbing: Das Opfer steht fassungslos vor einem Berg aus Vorwürfen, die nicht nur nicht zutreffen, sondern gerne auch aus der Luft gegriffen oder erlogen sind. Um Scham auszublenden oder zu kaschieren, verstecken sich Mitmenschen oft hinter Fassaden. Diese bestehen aus Arroganz, Verachtung oder Zynismus. Der Mechanismus dahinter: Um die eigene Scham nicht fühlen zu müssen, werden andere dazu gezwungen – indem sie gedemütigt, verhöhnt, verspottet oder bloßgestellt werden.

Als Schamabwehr taugt ebenfalls Wut oder Gewalt, denn lieber ist man ein Täter als ein Niemand, so die handlungsleitende Einstellung hinter diesem destruktiven Verhalten.

Die einen versuchen, einer Beschämung durch Anpassung oder Disziplin zu entgehen, bis zur Selbstaufgabe ihr Vermeidungsverhalten durchzuhalten oder die Scham in Ehrgeiz, Perfektionismus und Leistungsdenken umzuwandeln. Andere geraten in eine innerliche Erstarrung, verwandeln sich in einen emotionalen Eisblock oder geben sich, scheinbar paradox, demonstrativ schamlos.

Nun mag man sich fragen, ob es nicht auch andere Wege gibt, sich belastender Schamgefühle zu entledigen? Bis jetzt hörte sich ja alles ziemlich ungesund an. Die gibt es, aber sie sind reichlich unspektakulär, ganz so wie es die einfachen Dinge oft sind: Sich jemandem anvertrauen und Mitgefühl erhalten ist die Formel für das Gegengift zur Scham. Und mit JEMAND ist nicht ausschließlich eine zweite Person gemeint, Sie können dieser Jemand auch für sich selbst sein. Googeln Sie mal »Selbstmitgefühl lernen«. Denn gerade bei Scham, die ja oft erst in der Bewertung oder im Vergleich entsteht, ist es sicherlich klug, die Kraft zur Überwindung lähmender Schamgefühle auch in sich selbst zu finden. Nur so werden Sie langfristig unabhängiger von den Meinungen anderer. Jaja, ich weiß, wenn das nur nicht so schwer wäre! Aber Scham vergibt und verzeiht man sich am besten selbst.

Wechseln wir jetzt die Perspektive und sehen uns die kindliche Schamentwicklung an.

Haben Sie Ihrem Kind schon mal »Schäm dich!« zugerufen? Einfach so, ohne nachzudenken, weil Sie entsetzt oder selbst beschämt waren angesichts des Verhaltens Ihres Sprösslings? Oder einfach, weil Ihnen in diesem Augenblick nichts Sinnvolleres/Knackigeres/pädagogisch Wertvolles eingefallen ist als nur dieses gefauchte oder enttäuscht gehauchte »Schäm dich«? Vielleicht haben Sie es früher selbst oft gehört?

Doch woher soll Ihr Kind überhaupt wissen, was da jetzt von ihm verlangt wird? Wie geht denn schämen und warum soll es das tun? Erst im Kindergartenalter beginnen Kinder, Scham zu empfinden. Grund dafür ist ein Meilenstein der Selbstkonzeptentwicklung. Das heißt, erkennt das Kind, dass es eine eigenständige Person ist (mehr dazu im nächsten Kapitel), kann es beginnen, sein eigenes

Verhalten in Beziehung zu geltenden Regeln zu setzen. Plötzlich ist da ein Ich-bin-der-größte-Schatz-der-Welt-Bewusstsein, und mit diesem Wissen wird auch das Streben nach Selbständigkeit und Autonomie immer größer. Gleichzeitig verinnerlicht Ihr Kind verschiedene Handlungsschemata, lernt nützliche und ärgerliche Grenzen und haufenweise soziale Regeln kennen, wächst in ein inneres Wertesystem hinein und erwirbt sich einen Grundpfeiler nach dem nächsten, um sich für das Erleben von Scham-, Schuld- und Peinlichkeitsgefühlen zu qualifizieren.

Rund um die Kindergartenzeit berichten Eltern von den größten Veränderungen bei allem, was mit Scham zu tun hat. Ab einem Alter von sieben Jahren verfügen in der Regel alle Kinder über Schamgefühl, nicht nur bezüglich der eigenen und der Nacktheit von Bezugspersonen, sondern auch hinsichtlich moralischer Verpflichtungen, wie zum Beispiel dem Verraten eines Geheimnisses, dem Ausplaudern einer Überraschung usw.

Nun ist Scham aber nichts, das von selbst herausbricht wie die ersten Zähnchen; oder gelingt wie die ersten Schritte; oder freudig bejubelt wird, weil es nichts Schöneres gibt, als die natürliche, gesunde Entwicklung seines Kindes mitzuerleben. Sie ist nicht von heute auf morgen sichtbar. Ich vergleiche kindliche Schamgefühle mit den Flügeln eines Schmetterlings. Filigran und hauchzart und dennoch in der Lage, den Schmetterling zu tragen und fröhlich flattern zu lassen. Wird die feine Pulverschicht zerstört, ist der Schmetterling für sein weiteres Leben beschädigt. Was ich damit sagen möchte: Bei Scham geht es um Erziehungsverantwortung.

Ihre Reaktion auf kindliche Schamgefühle macht aus den Flügeln der Scham ein tragfähiges, Sicherheit und Orientierung gebendes Hilfsmittel oder aber ein lebenslanges Handicap der Angst, vor Übergriffigkeiten, Intimitätsverletzungen oder Strafe.

Schamgefühle sind ein wertvolles Zeichen für die Persönlichkeitsentwicklung Ihres Kindes. Und Sie wollen nichts mehr, als dass es sich persönlich entwickelt. Also ist es am besten, dieses Signal zu akzeptieren und das Verhalten daran anzupassen. Sie verkneifen sich also genervten Spott oder Sprüche wie: »Stell dich nicht so an!« oder »Was ist denn daran schlimm!« Denn was würde man seinem Kind damit nahebringen? Dass man es nicht ernst nimmt oder ein dringendes Bedürfnis des Kindes nicht beachtet. Ihr Kind möchte auf dem Klo allein gelassen werden, nicht mehr mit der Schwester gemeinsam in die Wanne, einen Badeanzug statt Bikinihöschen tragen? Was auch immer da kommt, hüllen Sie sich am besten in einen Mantel aus Verständnis und Respekt. Nehmen Sie sich ein wenig zurück und bieten Hilfe an, sollte etwas doch noch nicht so gut allein klappen, loben Sie Fortschritte und übersehen geflissentlich alles andere.

Sie möchten, dass Ihr Kind für den Rest seines Lebens in der Lage ist, eine gesunde Balance zwischen Nähe und Distanz zu halten? Dass es lernt, einen schützenswerten Körper zu haben, und weiß, dass nur es selbst über ihn verfügen darf? Sie wollen ihm die bestmögliche Prävention gegen Missbrauch mitgeben?

Natürlich, selbstverständlich. Doch dafür muss Ihre Tochter oder Ihr Sohn das Gefühl der Scham kennen – und für sich identitätsstiftend einsetzen dürfen, geleitet durch Ihren wohlwollenden Respekt.

Überall auf der Welt leben Eltern ihren Kindern unterschiedliche Schamregeln vor, die in den jeweils geltenden Normen der sozialen Gemeinschaft verankert sind und an denen sich die Kinder in Kita und Schule ebenso von sich aus orientieren. Je respektvoller die Familie zum Beispiel mit dem Thema Nacktheit umgeht, je besser sie erspürt, wo freizügige Natürlichkeit enden muss, damit Unbefangenheit möglich ist, desto einfühlsamer und gelassener werden die Eltern auch auf die speziellen Empfindungen ihrer Teenies in der Pubertät reagieren können.

Abgesehen von Schamgefühlen, die sich auf Körperliches beziehen, kommt Ihr Kind im Laufe seines Heranwachsens immer häufiger in Situationen, in denen es Anlass zur Scham hat. Es nimmt zum Beispiel wahr, dass es in einem bestimmten Bereich nicht »so gut« ist wie andere, sich als langsamer, schüchterner, ungeschickter oder benachteiligt erlebt – obwohl es das vielleicht gar nicht ist. Das allmähliche Begreifen, dass die Einzigartigkeit einer Person nicht Anlass zur Scham sein sollte, hat ja gerade erst begonnen. Doch wir Erwachsene wissen, wie tief sich manches so Dahingesagte eingräbt und teilweise Jahrzehnte als hemmende Selbstüberzeugung überdauert: »Du bist immer so ungeschickt«; »Was man dir in die Hand gibt, geht kaputt«; »Sei doch nicht immer so schüchtern!«; »Du bist einfach immer perfekt, so ist das richtig!«

Denn schnell entsteht ein Teufelskreis: Man schämt sich dafür, so zu sein, wie andere einen beschreiben. Und aus Scham, etwas falsch zu machen, also zu ent-täuschen, wird gar nicht erst versucht, diese Zuschreibungen zu durchbrechen. Was dazu führt, dass man irgendwann tatsächlich davon überzeugt ist, dieses Gefühl der Scham zu verdienen. So tappt man letztlich von einer selbsterfüllenden Prophezeiung in die nächste – und diese Erfahrung, sage ich Ihnen aus meiner therapeutischen Erfahrung, zieht sich durch alle Altersklassen und Charaktere!

Scham ist ein Gefühl, das mit uns mitwächst. Auch hier gilt das Sprichwort: »Kleine Kinder, kleine Sorgen. Große Kinder, große Sorgen.« Die Scham wird mit uns und unseren Kindern erwachsen, sie verändert die Farbe, ist nicht mehr nur schwarz oder weiß, sondern nimmt einen Haufen dämlicher Grautöne an, wird aggressiver in ihrer möglichen negativen, aber auch kraftvoller in ihrer motivierenden, schützenden Wirkung.

Doch wissen Sie, worüber wir noch gar nicht gesprochen haben? Über das unvergleichlich scheußliche Gefühl, das Ihre Kinder überkommt, wenn sie sich für SIE schämen …

Wie bitte?, protestieren Sie jetzt bestimmt, dazu gibt es nicht den geringsten Anlass, cooler als ich kann man gar nicht sein! Ihr Nachwuchs sieht das möglicherweise anders. Nicht immer, aber zuweilen. Wie das geschehen kann? Ganz einfach: Bis zum Beginn der Grundschulzeit rangieren Sie mit großem Abstand auf den vordersten Plätzen der Lieblingsmenschen-Liste. Eltern sind für Kinder die wichtigsten, tollsten, coolsten, beeindruckendsten, schlausten und stärksten Personen weit und breit. Das kommt daher, dass sich das Selbstwertgefühl Ihres Kindes in dieser Zeitspanne vor allem durch Ihre Rückmeldungen entwickelt; nichts ist Ihrem Sprössling wichtiger, als vor Ihren Augen zu bestehen. Das ändert sich, wenn Ihr Kind etwa in die dritte oder vierte Klasse geht. Auf einmal entdecken Ihre Schätze Eigenschaften an Ihnen, die sie SEHR falsch finden: Klamotten, ein spezielles Verhalten, Ihr Gesicht, bestimmte Aussagen usw. – das Kind (fremd-)schämt sich. Oder es fühlt sich von Ihnen beschämt, weil Sie vor anderen über das Kind reden, Anekdoten erzählen, es wie ein Kleinkind behandeln oder einfach nur so sind wie immer. Das Kind fühlt sich verletzt, Ihr »Makel« fällt aufs Kind zurück, mit Ihrem peinlichen Fehl-Irgendwas haben Sie sozusagen sein mühsam aufgebautes Image sabotiert. In den nächsten Jahren gibt es lange nichts Wichtigeres, als zu einer bestimmten Peergroup zu gehören. Was die Freunde gut finden, ist das Maß aller Dinge, ohne Rücksicht auf Verluste – ganz ruhig also, Sie können fast nichts richtig machen!

Mit Beginn der Pubertät rückt die Identitätssuche in den Vordergrund, man schämt sich seiner Eltern nun noch häufiger – bezüglich bestimmter Verbote und Ansichten oder wenn sie einem die geforderte Freiheit nicht lassen.

Das heißt also, so cool Sie auch sein mögen, Kinder können nicht erwachsen und selbständig werden, ohne sich von Ihnen zu distanzieren und abzulösen, besonders nicht in der sensiblen Phase der Selbstfindung rund um die Pubertät. Das mag Sie kränken oder verletzen, ist aber völlig normal – wobei ich niemals behaupten würde, dass Loslassen einfach wäre!

Aber auch hier gibt es natürlich Grenzen. Sie können weder sich selbst noch Ihre peinlichen Klamotten noch Ihr peinliches Zuhause noch Ihre peinliche Einrichtung noch Ihre peinlichen Ansichten in Luft auflösen, bloß weil sich über die Wahrnehmung Ihres Kindes plötzlich der Pubertäts-Filter gelegt hat. Und der ist nicht nur nervenaufreibend, sondern verlangt Ihnen auch einen fettnäpfchenträchtigen Eiertanz ab, der Ihnen das mulmige Gefühl vermittelt, sich an diesen seltsamen mittelausgereiften, mittelerwachsenen, mittelgesprächigen, mittelsüßen Klon im Kinderzimmer – formerly known as Mausefratzelspatz – womöglich nie gewöhnen zu können.

Heißt das jetzt also, dass Sie, um des lieben Friedens willen, ein Umstyling machen, eine Innenarchitektin engagieren und ein Hotelzimmer nehmen sollen, wenn der Nachwuchs Geburtstag feiert?

Mitnichten. Aber es gibt Möglichkeiten. Ich habe dazu Frau Prof. Schlau-Meier befragt. Sie hat durch all ihre Kinder und Kindeskinder die größte Erziehungserfahrung, die ich kenne.

Das sind ihre Tipps:

- Ich habe meinen Kindern gesagt, wie sehr mich ihr Verhalten verletzt. Da waren sie platt. Sie selbst fühlen sich in dem Moment, wenn sie einem ihre »Wahrheiten« um die Ohren hauen, so herrlich unverletzlich, stark und erwachsen. Der Gedanke, dass ihre Worte aber denjenigen verletzen, der noch vor wenigen Monaten der wichtigste Mensch in ihrem Leben gewesen ist, scheint in einem pubertierenden Gehirn sowas wie eine in den Ruhezustand versetzte App zu sein. Man muss sie wieder aktivieren, auch wenn das Ganze viel Akku verbraucht!

- Ich habe nachgefragt. Wollte ganz genau wissen, was denn so derartig peinlich ist. Und was soll ich sagen? Manchmal kann man auch mal was ändern. Als ich zum Beispiel meine alten Hausschuhe nach dem Gespräch ganz in Ruhe mit den Augen meines Kindes betrachtet habe, musste ich feststellen, dass ein Körnchen Wahrheit in seiner Argumentation steckte. Mein Kind nannte ihr Aussehen peinlich, ich nannte es schmuddelig – und habe mir mit Freude neue Puschen gegönnt.
- Ich bin gelassen geblieben. Die meisten meiner Kinder fanden in wechselnder Reihenfolge meine Klamotten, meinen Beruf, meine Hobbys, meinen Serien- und Musikgeschmack, meinen Humor, mein Lachen und so weiter, peinlich. Na und?
- Ich habe es akzeptiert, wenn sie nicht mehr in der Öffentlichkeit umarmt werden wollten, und mir angewöhnt, einfach vorher nachzufragen, wenn sie zum Beispiel ins Landschulheim gefahren sind, ob ich sie beim Abholen umarmen darf oder lieber nicht. Den Abschied mit Knuddeln, Drücken und guten Ratschlägen haben wir ausführlich vorher zu Hause erledigt.
- Auch wenn es schwerfällt: Bleiben Sie konsequent und lassen Sie sich nicht zum Spielball der Teenie-Ansprüche machen. Ein bisschen Pein müssen die Kids schon hin und wieder aushalten. Nehmen Sie es mit viel Humor. Keine Kekse und Getränke mehr servieren zu müssen kann ziemlich befreiend sein, das kann ich Ihnen sagen!
- Ich habe meinen Kindern aber auch gestanden, dass ich hin und wieder ein wenig eifersüchtig auf ihre Freunde und Freundinnen bin. Und ich habe ihnen gesagt, dass es auch für mich das erste Mal ist, so große Kinder zu haben, und ich im Grunde auch

nicht so recht weiß, wie man das alles macht und komplett richtig damit umgeht. Das hat die Situation entspannt – schließlich sitzen wir im selben Boot.

- Ich habe gelernt, sehr viel öfter meine Meinung einfach mal nicht zu sagen, als zu allem meinen Senf dazuzugeben.
- Ich bin erwachsen geblieben, habe nicht versucht, die beste Freundin meiner Kinder zu werden. Bei all dem Gehirnentwicklungsdurcheinander brauchen sie jemanden, der den Überblick bewahrt und als Fels in der Brandung zur Verfügung steht.
- Ich habe sie nie bloßgestellt (und ALLE Eltern haben Storys zur Verfügung), wie sehr die Fetzen auch manchmal flogen – das hat was mit Vertrauen und Respekt zu tun, und das haben sie gespürt.
- Ich habe mich eingelassen und um Rat und offene Gespräche gebeten. Erstaunlich, wie viele neue Impulse in mein Leben schwappten. Und wie rührend zu erleben, dass man immer noch wichtig für sie ist – und wie gerne sie ihre neuen Erfahrungen mit einem teilen!
- Und ich habe mir immer wieder gesagt, dass sie mich lieben, auch wenn es sich gerade nicht so anfühlt!

FRAU PROF. SCHLAU-MEIERS SCHAMGESCHICHTE

Kindeeer, kommt in meine Arme, ich habe ja genug! Gleich lernst du Schammy Scham kennen. Mit ihm wird es in der Geschichte ganz schön peinlich. Gut, dass wir hinterher drüber reden können!

DIE GROSSE PRÜFUNG

Heute ist Schammys großer Tag. Denn Schammy wird eine Prüfung ablegen. Er ist schon bei ziemlich vielen Prüfungen durchgefallen, und diese hier ist sozusagen seine letzte Chance auf ein Diplom in Gefühlemachen. Wenn er sie besteht, bekommt er die Lizenz zum Schämen und darf den Namen des Prüfungsgefühls als Nachname tragen. Schammy Scham, wie toll hört sich das denn bitte an!

Schammy wünscht sich nichts sehnlicher, als dass das klappt. Er hat auch schon versucht, ein Wut-Diplom, ein Angst-Diplom und ein Freude-Diplom zu machen, weil ihm seine Freunde gesagt haben, diese Prüfungen seien leichter, aber jedes Mal ist er mit Pauken und Trompeten durchgefallen. Keiner seiner Prüfungskandidaten wurde wütend, keiner ängstlich, und das mit der Freude hat Schammy erst recht nicht hinbekommen.

Deswegen haben ihm die Prüfer vorgeschlagen, es doch mal mit der Scham zu versuchen. Denn auch wenn die Prüfung knifflig ist, wenn einem das Fach wirklich liegt, ist das mit dem Bestehen nur noch halb so schwer. Schammy fand das eine super Idee, und dass Scham als Nachname so gut zu seinem Vornamen passte, konnte ja nur Schicksal sein.

Schammy hat sich also richtig reingekniet, hat monatelang gebüffelt und seitenweise auswendig gelernt. Er hat unermüdlich an seinen Freunden geübt und war schließlich so gut darin, ihnen Schamgefühle einzuimpfen, dass sie alle überhaupt nicht mehr gut auf ihn zu sprechen sind.

»Tja«, denkt Schammy bedauernd, als er jetzt im Prüfungsinstitut den Umschlag mit den Examensfragen öffnet, »aber an wem hätte ich denn sonst trainieren sollen?«

Als Schammy mit dem Durchlesen fertig ist, hat er ein ziemlich gutes Gefühl. Wie erwartet sind die Aufgaben schwierig, aber machbar. Diesmal wird es klappen, da ist er sich ganz sicher. Um die Prüfung zu bestehen, muss er fünf Personen dazu bekommen, sich zu schämen oder etwas zum ins Mauselochkriechen peinlich zu finden. Das Haarige daran ist nur, dass es ganz unterschiedliche Leute sein müssen. Also nicht nur zarte, empfindsame, die sich schon vor sich selbst schämen, wenn sie nur mal pupsen müssen, nein, auch welche mit großer Klappe, die so leicht nichts umhaut.

Der Prüfer startet die Stoppuhr und nun läuft die Zeit. Schammy stürmt hinaus. In die Fima gegenüber des Instituts kommen gerade viele Angestellte zur Arbeit. Prima, da wird er bestimmt fündig werden. Schammy sprintet über die Straße, geht hinein und quetscht sich mit in den Aufzug. Als die Türen sich schließen, sieht er sich um. Die meisten Leute starren auf ihr Handy oder beobachten den Wechsel der Stockwerkszahlen. Doch da hebt ein Mann den Blick, und Schammy erkennt seine Chance. Er legt ihm die Hand auf die Schulter und wispert:

»Lass es nur raus.«

Der Mann räuspert sich, ruckelt an seinem Mund-Nasen-Schutz aus hellgrünem Vlies und wendet sich an den Kollegen neben ihm.

»Haha, sind auf deiner Maske etwa Bärchen?«, ruft er laut und sieht sich Beifall heischend um.

Doch statt peinlich berührt auf seine Nase zu schielen, schmunzelt der Angesprochene nur und antwortet:

»Das kann schon sein, morgen komme ich dann mit einer mit Prinzessinnen. Du kennst ja Bea, wenn sie erst mal angefangen hat zu nähen ... Und bei uns ist morgens mit den Kiddies so viel Trubel, da hab ich wohl in die Kinder-Kiste gegriffen!«

Die Mitfahrer lachen verständnisvoll und amüsiert, und der Bärchenmann verlässt grüßend den Aufzug.

Schammy klopft seinem Kandidaten auffordernd auf die Schulter.

»Und jetzt leg los«, muntert er ihn auf.

Und das tut er. Seine Stirn legt sich in Falten und die Augen über der Maske werden schmal und traurig.

»So ein Blödmann!«, denkt der Mann. »Warum kriegen die größten Vollidioten immer die tollste Familie? Dieser Wichtigtuer hat das alles überhaupt nicht verdient. Am liebsten würde ich ihn auf den Mond schießen. Dann wäre ich der Bärchen-Papa und der Mann von Bea.«

»Sehr gut«, lobt Schammy. »Und jetzt schämst du dich für diesen Wunsch, und zwar gehörig!«

Da zieht sich der Mann plötzlich die Maske vom Gesicht und schnappt nach Luft. Dabei sieht er sich hektisch um, als ob er befürchten müsse, jemand hätte seine Gedanken gehört. Schammy sieht, wie er für einen Moment beschämt die Augen schließt. Dann hat er sein Stockwerk erreicht und verlässt den Aufzug.

Schammy holt den Prüfungsbogen heraus, macht hinter der ersten Person einen Haken und fährt wieder nach unten.

»Das waren keine feinen Gedanken, die er da eben hatte«, frohlockt Schammy und tritt in die Sonne hinaus. »Er wird sich dafür noch eine ganze Weile schämen!«

Um die Ecke ist eine Schule, und überall sind Schulkinder auf dem Weg. Zwei Mädchen stecken kichernd die Köpfe zusammen, während sie auf dem Gehweg nebeneinander herlaufen. Jetzt bleiben sie stehen. Moment, wartet, das könnte interessant werden ... Schnell huscht Schammy heran.

»Versprichst du mir, dass du's auch wirklich niemandem erzählst?«, fragt das Mädchen ihre Freundin.

»Klar«, erwidert sie und nickt heftig. »Ist doch logisch.«

»Yeah!«, ruft Schammy voller Vorfreude, »sowas geht nie gut, da kann man was draus machen.«

»Okay«, sagt das Mädchen und beugt sich zu ihrer Freundin hinüber. Sie hält die Hand an den Mund und flüstert ihr etwas ins Ohr.

»... aber wirklich, nichts verraten, ja?«, vergewissert sie sich anschließend nochmal, und Schammy seufzt.

Das kleine Mädchen tut ihm jetzt schon leid, denn gleich wird es schrecklich peinlich für es werden, aber er muss schließlich seine Prüfung bestehen. Und bei diesen beiden Kindern hat er gleich zwei Fliegen mit einer Klappe geschlagen.

Als sie auf dem Schulhof angekommen sind, legt Schammy die Hand auf den Schulranzen der Freundin und sagt: »Komm schon, Maus, du kannst es sowieso nicht länger für dich behalten. Schau, da sind welche aus eurer Klasse. Einfach raus damit ...«

Und nur wenige Augenblicke später hört man, wie das Mädchen ruft: »He, wisst ihr was, Mia hat vergessen, eine Unterhose anzuziehen!«

Schammy wiegt verständnisvoll den Kopf und sieht in die Gesichter der beiden Mädchen. Wie vermutet, sehen beide aus, als ob sie am liebsten anfangen würden zu weinen, wenn auch aus unterschiedlichen Gründen. Schammy klopft beiden freundlich auf die Schultern.

»Das wird wieder«, beruhigt er das Mädchen mit dem Missgeschick. »Es fühlt sich bald nicht mehr so scheußlich an.«

Und zu dem anderen sagt er. »Auweia, für diesen Verrat schämst du dich noch sehr lang. Auch als Erwachsene wirst du daran noch denken«, prophezeit er ihr.

Dann setzt er zufrieden zwei weitere Häkchen auf die Liste.

So viel Scham anzurichten macht durstig, und Schammy sieht auf die Uhr. Prima, er liegt gut in der Zeit, er kann sich noch etwas zu trinken kaufen, bevor es weitergeht.

Nachdem seine Cola leer ist, wirft er die Flasche in den Mülleiner. Kaum ist sie drin gelandet, kommt ein alter Herr heran und fischt sie wieder heraus. Er hat in einem Stoffbeutel schon einige Pfandflaschen gesammelt, aber diese hier passt noch mit rein.

Schammy erkennt eine Chance, wenn sie ihm sich bietet, und tritt näher.

»Na«, sagt er und lehnt sich an den Mülleimer. »Wie ist Ihr Leben denn so?«

Der alte Mann greift erneut in die Abfalltonne. Wieso zum Teufel hat jemand einen Apfel weggeworfen, von dem noch nicht mal abgebissen wurde? Er steckt sich den Apfel in die Jackentasche.

»Na …?«, hakt Schammy nach.

Der Mann seufzt traurig.

»Was bin ich nur für ein Versager«, denkt er. »Ich bin genauso wenig wert wie der Müll, in dem ich wühle.« Dann zieht er beschämt den Kopf zwischen die Schultern und läuft mit gesenktem Blick weiter.

Schammy notiert auch diesen Erfolg. Hurra, nun fehlt ihm nur noch eine Person und er kann seine Aufgaben beim Prüfer abgeben.

Schammy sieht sich um. Da entdeckt er ein Plakat. Es ist die Werbung für einen Kinder-Schwimmkurs, der hier ganz in der Nähe stattfindet. Und weil Schammy für sein Leben gern schwimmen geht und dieses Bad noch gar nicht kennt, beschließt er, einfach mal vorbeizuschauen. Bestimmt findet er dort eine Versuchsperson für seine Prüfung. Ach was, viele! Weil alle nur in Badebekleidung sind, gibt es ganz sicher einige, die er sich für ihre Figur schämen lassen kann. Das ist wirklich eine leichte Übung, bestimmt bekommt er sogar Extrapunkte für all die Leute, die sich zu dick, zu dünn, zu untrainiert, zu faltig, zu blass, zu was weiß ich noch alles finden.

Doch als er vor dem Schwimmbad ankommt, bemerkt er eine Mutter mit ihrem kleinen Sohn. Die beiden scheinen sich zu streiten.

»Nun komm schon«, schimpft die Mutter ungeduldig und zieht den Kleinen am Arm mit sich. »Spatz, wir sind sowieso schon zu spät dran. Und du weißt doch, dass Mario Zuspätkommer nicht mehr mitmachen lässt. Und nächste Woche ist Seepferdchen-Prüfung, die willst du doch bestehen, oder nicht?«

Der kleine Junge beginnt zu weinen, und seine Mutter kniet sich vor ihn nieder. »Du musst doch keine Angst haben. Letztes Mal hast du es sogar geschafft, nach dem Ring zu tauchen, das war so super!«

Noch bevor das Kind antworten kann, legt ihm Schammy sanft die Hand auf die Haare.

»He, Tiger«, flüstert er sanft. »Hör mir gut zu, um was ich dich jetzt bitte, ist sehr, sehr wichtig. Du verrätst deiner Mama sofort, warum du nicht mehr zum Schwimmunterricht gehen willst. Ich verspreche dir, dass ihr auf keinen Fall was passiert. Ich bin hier und ich passe ganz doll auf sie auf. Jetzt sag es.«

Prompt hört der Junge auf zu weinen. Eine seltsame Veränderung geht in ihm vor. Plötzlich brüllt er einfach los.

»Ich will da nicht mehr hingehen! Mario hat gesagt, dass dir was ganz Schlimmes passiert, wenn ich dir unser Geheimnis verrate. Und dass ich ganz schlecht und schlimm bin und alles meine Schuld ist. Und dass du mich dann nicht mehr magst und weggehst und nie mehr wiederkommst und ich ganz allein bin.« Dann wirft der Kleine sich in die Arme seiner Mutter, die vor lauter Entsetzen kreidebleich geworden ist.

Schammy hilft ihr hoch und begleitet sie zu einer Bank. Während die beiden sich im Arm halten und reden und reden und reden, streicht er ihnen immer wieder beruhigend über den Rücken.

»Das macht ihr beide toll«, murmelt er dabei.

Dann bleibt Schammy noch eine ganze Weile sitzen und hört ihnen zu, so lang, bis er überzeugt ist, dass alles gut werden wird.

Er steht auf und sieht auf die Uhr. Oh nein, die Zeit ist abgelaufen, er hätte seinen Bericht längst abgeben müssen! Schammy zuckt mit den Schultern. Was soll's, er wird dem Prüfer die Verzögerung einfach erklären.

Schließlich hat man als Gefühl auch eine gewisse Verantwortung. Und manchmal kann man jemanden mit dem, was man da gerade ausgelöst hat, unmöglich allein lassen.

Ende

WAS FÜHLST DU? WAS FÜHLE ICH?

Ui, an Schammys Prüfungstag ist ja eine Menge passiert. So viele peinliche Situationen und so viele Menschen, große und kleine, die sich für die unterschiedlichsten Sachen geschämt haben.

Schau mal, mir sind viele Fragen eingefallen, die euch dabei helfen können, über das Thema Scham zu sprechen:

FRAGEN AN DICH:

- Glaubst du, dass Schammy die Prüfung doch noch geschafft hat?
- Was wollte der Mann im Aufzug damit erreichen, als er sich über die Maske seines Kollegen lustig gemacht hat?
- Hatte Schammy recht, dass der Mann sich für seine Gedanken schämen sollte? Wenn ja, warum eigentlich?
- Was glaubst du, warum hat die Freundin die Sache mit der vergessenen Unterhose weitererzählt?
- Hast du auch schon mal etwas weitererzählt und dich hinterher dafür geschämt? Oder hat jemand mal ein Geheimnis von dir verraten?
- Was denkst du, wer hat sich mehr geschämt, das Mädchen mit der fehlenden Unterhose oder die Freundin?
- Wofür schämte sich der Mann mit den Pfandflaschen?

- Findest du, dass er sich tatsächlich schämen sollte? Meinst du, er hat Grund, sich zu schämen?
- Was vermutest du, warum der kleine Junge nicht mehr zum Schwimmunterricht wollte?
- Was glaubst du: Was ist dieses komische Geheimnis zwischen ihm und dem Schwimmlehrer?
- War es richtig, dass der Junge seiner Mutter alles erzählt hat?
- Hat dir schon mal jemand verboten, zu Hause etwas Bestimmtes zu erzählen?
- Kennst du den Unterschied zwischen Geheimnissen, die man bewahren sollte, und solchen, die gar keine sind und die man auf alle Fälle jemandem anvertrauen muss?
- Kannst du dir vorstellen, wer sich in dieser Geschichte am allermeisten für etwas schämen muss?

FRAGEN, DIE DU DEINEN ELTERN STELLEN KANNST:

- Was ist das Peinlichste, das euch mal passiert ist?
- Habt ihr schon mal jemanden beschämt, so wie die Freundin in der Geschichte, und würdet das gerne wiedergutmachen?
- Gibt es etwas, wofür ihr euch schämt und was ihr einander noch nie erzählt habt?
- Wie fühlt sich Schämen für euch an, wo sitzt das Gefühl?
- Was ist euch aneinander peinlich?
- War ich euch schon mal peinlich?
- Fandet ihr eure Eltern früher peinlich?
- Schämt ihr euch manchmal für Dinge, die Oma und Opa/eure Freunde sagen oder tun?
- Was fandet ihr früher peinlich und jetzt überhaupt nicht mehr?
- Ist euch jetzt etwas peinlich, was ihr früher ganz normal fandet?

FRAGEN, DIE IHR ALLE GEMEINSAM IN DER FAMILIE BESPRECHEN KÖNNT:

- Habt ihr mal etwas Peinliches getan, das ihr am liebsten rückgängig machen würdet?
- Für wen oder was habt ihr euch zuletzt fremdgeschämt?
- Kennt ihr jemanden, der sich für etwas wirklich schämen sollte, aber überhaupt nichts Schlimmes an seinem eigenen Verhalten findet?
- Was ist euch an anderen peinlich?
- Habt ihr schon mal eine Situation vermieden, aus Angst, es könnte peinlich werden?
- Hattet ihr schon mal eine Ich-brauche-bitte-jetzt-sofort-ein-Mauseloch-Situation? Wie habt ihr euch dabei gefühlt?
- Wer sollte sich eurer Meinung nach mal richtig schämen für etwas, das er/sie getan/gesagt hat?
- Gibt es Dinge/Sachen/Verhaltensweisen, für die man sich echt schämen sollte?
- Und gibt es auch welche, für die man sich nicht zu schämen braucht/nicht schämen sollte und es trotzdem viel zu oft tut? Was wäre euch gerne nicht mehr peinlich, ist es aber doch noch?

Bild von jemandem, der sich SCHRECKLICH schämt:

Oft hilft Zeichnen, wenn man für etwas keine Worte hat: Male dich und deine Familie und zeichne ein, wo bei jedem das Schamgefühl sitzt. Welche Farbe hat Scham für dich und deine Familie, zeichne für jeden von euch einen Schamklecks:

Schreibe oder male auf, was dir peinlich ist, und überklebe es hinterher mit einem Blatt Papier. Notiere darauf das Datum von heute. Öffne es erst wieder in zehn Jahren und schau, ob dir diese Dinge dann immer noch peinlich sind.

MITGEFÜHL

> »URTEILE NIE ÜBER EINEN ANDEREN, BEVOR DU NICHT EINEN MOND LANG IN SEINEN MOKASSINS GEGANGEN BIST.«
>
> INDIANISCHE WEISHEIT

So viele Gefühle. So viele Mischformen, Vorstufen und Kombinationsmöglichkeiten. So viele große und kleine, ernste und leise, laute und fröhliche, fiese, nickelige und glückliche Gefühle. Ja, ganz schön was los gewesen in diesem Buch!

Mit Gefühl ist es also so eine Sache – Mitgefühl eine andere. (Um mir diesen nicht ganz runden, sogar zugegebenermaßen eher holprigen Wortspiel-Übergang auszudenken, habe ich zweiundvierzig Minuten gebraucht. Ich wünschte, er wäre gelungener geworden, aber nun müssen wir mit dem arbeiten, was da ist.)

Mitgefühl ist also das Thema des letzten Kapitels dieses Buches mit Gefühlen. (Auch nicht gut, ich lasse es jetzt …) Und, Sie ahnen es schon, wie üblich wird Ihnen zu Beginn des Kapitels zunächst ein Häppchen Verwirrung kredenzt, der übliche Gruß aus der Gefühlsküche.

Also, das schöne Wort Empathie, das man mitunter als Synonym für Mitgefühl verwendet, ist gar kein Synonym, nicht mal ein falsch verwendetes, sondern bezeichnet eine gänzlich andere Emotion! Und Moment, ein weiteres Begriffsfamilien-Mitglied meldet sich gerade zu Wort: Mitleid, das gibt es nämlich auch noch. Perfekt, klamüsern wir das doch einfach mal auseinander:

Während *Empathie* die Fähigkeit benennt, sich in einen anderen Menschen einzufühlen, meint *Mitgefühl* die Anteilnahme an Not,

Leid oder Gefühlen anderer, ohne dass man als Mitfühlender gänzlich mit Haut und Haaren ins Drama hineingezogen wird. *Mitleid* hingegen ist mit dem unmittelbaren Impuls verbunden, jemandem greifbar in seiner Not zu helfen oder zu trösten, also aktiv etwas zu unternehmen.

Konkret: Mitgefühl ist richtig praktisch und ein nützlicher Alltagshelfer, der uns zupacken lässt, um einen Kinderwagen in den Zug zu hieven oder einem älteren Mitbürger den Sitzplatz frei zu machen. Die Empathie, durch Spiegelneuronen ausgelöst, ermöglicht uns ein Miterleben »als ob«. Wir fühlen sozusagen das Gleiche bzw. in uns wird die gleiche neuronale Aktivität produziert, die auch zustande käme, wenn wir diese bestimmte Situation selbst erlebt hätten und nicht nur Zeuge wären. Stellen Sie sich zum Beispiel vor, wie es Ihnen gehen würde, wenn Sie beobachten, dass sich ein Kind die Finger in der Autotür einklemmt … AUAAA! Teilidentifikation wird diese Fähigkeit genannt. Sie macht es möglich, dass wir nicht nur Sympathie für andere empfinden, sondern auch in der Lage sind, Gerechtigkeitsgefühle und Moralkonzepte auszubilden. Empathie bezieht sich also, anders als Mitleid, nicht nur auf negative emotionale Zustände einer anderen Person, sondern umfasst vielmehr auch das Miterleben von Freude, Stolz oder jedem anderen beliebigen Gefühlszustand, vorausgesetzt, wir haben ihn ähnlich schon mal selbst erlebt.

Mitleid dagegen drückt sich in Kummer und Besorgnis aus, basiert also weniger auf eigenen Erfahrungen, sondern passiert vielmehr aus dem inneren Bedürfnis heraus, zu helfen; zum Beispiel einem Tier in Not, dessen Qual wir nicht nachempfinden können, aber davon berührt werden.

Emotionsforscher plädieren dafür, in Anbetracht von Terrorgefahr und Krisensituationen, den Fokus verstärkt auf Mitgefühl zu lenken und dieses nachhaltiger zu kultivieren, als wir es bis jetzt taten. Mitgefühl, so lautet die Begründung, macht uns handlungsfähiger und spricht Herz und Vernunft gleichermaßen an. So verleitet es uns zu sinnvolleren Aktionen, als wenn wir von Empathie überschwemmt werden und infolgedessen zu stark selbst leiden, um noch Positives bewirken zu können.

Denn sich mit den Gefühlen eines anderen zu verbinden bzw. eine ausgeprägte Fähigkeit oder Neigung dazu zu haben, kann auch belastend sein: Sich ebenso traurig wie die Person zu fühlen, für die wir Empathie empfinden, hilft weder ihr noch uns. Mitgefühl im Sinne von teilnehmender Sorge hingegen stiftet uns zu Unterstützung und Hilfestellung an – und diese Haltung wiederum fällt direkt auf uns zurück: Die zahlreichen positiven Auswirkungen wie Optimismus, Verbundenheit, Zufriedenheit, die wir verspüren, wenn wir mitfühlend handeln oder gehandelt haben, existieren nicht nur in unserer Einbildung, sondern sind neurowissenschaftlich nachgewiesen.

Da allerdings die Begriffe Mitgefühl und Empathie im allgemeinen Sprachgebrauch synonym verwendet werden, können wir im Folgenden unser übliches Vorgehen beibehalten, indem wir jegliche kleinkarierten Differenzierungsversuche sogleich wieder vergessen und alle Begrifflichkeiten fröhlich zusammenmischen: Wenn ab jetzt von Mitgefühl respektive Empathie die Rede ist, dann meine ich, schlicht und verallgemeinert, einfach diese spezielle Fähigkeit, die uns Menschen zu Mitmenschen und Freunden macht, eine Horde zur Gesellschaft, anonyme Krankenhausmitarbeiter zu Pflegern und Fremde zu Liebenden. Mitgefühl steckt in diesem Sinne also auch in Warmherzigkeit, Anteilnahme, Rücksicht, Wohlwollen, Aufrichtigkeit, Entgegenkommen, Selbstmitgefühl und Herzlichkeit.

Doch wie funktioniert das eigentlich, sich in einen anderen Menschen hineinzuversetzen? Zunächst einmal unterscheidet man zwischen dem kognitiven, emotionalen und sozialen Erkennen von Gefühlen. Kognitiv bedeutet, dass Sie in der Lage sind, aus Verhalten, Äußerungen, Körpersprache usw. herauszulesen, in welchem Gefühlszustand sich das Gegenüber befindet. Diese Art von Einfühlungsvermögen, für sich allein betrachtet, kann sehr gut erlernt, verfeinert oder, auch das ist selbstverständlich möglich, zu Manipulationszwecken missbraucht werden. Agiert jemand vermehrt auf der emotionalen Ebene der Empathie, reagiert er fast automatisch auf die Gefühlszustände seiner Mitmenschen, erlebt deren Gefühle, als seien es seine eigenen. Sozial empathischen Menschen wiederum fällt es leicht, sich auf unterschiedliche Temperamente, Altersgruppen, Kulturen usw. einzustellen und die verschiedensten Sozialsysteme, Teams, Freundeskreise oder Familienverbände zu managen. Doch erst alle drei Teilkompetenzen zusammen – in deren unterschiedliche Ausprägungen wir uns selbst einordnen können – bilden die Empathiefähigkeit eines Menschen.

Kann man das eigentlich trainieren? Gibt's da nicht vielleicht den ein oder anderen schlauen Tipp, wie sich ganz nebenbei ein wenig mehr Mitgefühl in den Alltag integrieren ließe?

Ja, solche Anregungen gibt es. Und sie tragen, zusätzlich zum Trainingseffekt, dazu bei, dass wir möglicherweise darüber nachdenken, was wir selbst eigentlich als mitfühlende Haltung empfinden, sowohl als Sender als auch als Empfänger. Denn wie oft bekommt man bloß vermeintlich mitfühlende Kommentare zu hören oder gibt sie sogar selbst ab, einfach, weil man es nicht besser weiß, keine Lust hat, sich zu bemühen, oder die Zeit nicht investieren möchte, sich wirklich einzulassen?

Der beste Test, ob Ihr Mitgefühl ehrlich ist, ist die simple Frage: Helfe ich mit meiner Verhaltensweise dem Gesprächspartner gerade, sich besser zu fühlen? Zu unterscheiden zwischen »Klar!« oder »Mensch, das hätte ich mir jetzt besser verkniffen …«, fällt überraschend vielen Menschen gar nicht so leicht. Was hält uns also von Belehrungen, Unverständnis, Übertrumpfen, Klugscheißern, Bemitleiden, Relativieren oder Von-sich-Erzählen ab, wenn uns gerade jemand sein Leid klagt?

Die folgenden Denkanstöße mögen helfen, das eigene Verhalten im Zusammenhang mit Mitgefühl besser einschätzen zu können:

- Um das Zitat vom Beginn des Kapitels einmal aufzugreifen: Stellen Sie sich vor, Sie schlüpfen tatsächlich in die Schuhe, die Garderobe, das Leben Ihres Gegenübers. Versuchen Sie, den anderen in SEINER Welt zu verstehen. »Perspektivwechsel« lautet das Zauberwort. Probleme oder Kummer sind nicht objektiv, sie haben immer einen Kontext. Ja, das klingt dermaßen banal, dass man es kaum aufzuschreiben wagt, ist in Wirklichkeit aber eine ziemlich anspruchsvolle Haltung – aber es hat schließlich auch niemand behauptet, dass die Auseinandersetzung mit Mitgefühl ein Zuckerschlecken wäre …
- Nicht abwerten, sondern anerkennen: Wenn sich Ihnen jemand öffnet und ein Gefühl offenbart, nehmen Sie dessen Gefühl an; es ist seins, es ist ihm ernst damit. Sie zeigen Respekt davor, indem Sie es ebenfalls ernst nehmen. Haken Sie nach, hören Sie hin, damit sich Ihr Gegenüber nicht zusätzlich frustriert von Ihrem Desinteresse noch weiter zurückzieht.
- Fragen, Fragen, Fragen. Sie wollen ein offenes Gespräch führen, das dem anderen hilft? Fragen signalisieren Ihr Interesse, Ihre offenen Arme, Ihre Neugier auf die andere Person. Das anschließende Zuhören, Verstehen, Mitdenken verdeutlicht Ihre Bereitschaft, den Gesprächspartner aufzufangen, wenn er sich fallen lassen möchte.
- Lesen Sie zwischen den Zeilen bzw. hören Sie zwischen den Sätzen und verschonen Sie den anderen mit Ihrer Weltsicht.

- Erst denken, dann reden. Kommunikationstrainer empfehlen eine fünf Sekunden lange Sprechpause zwischen zwei Redeanteilen – versuchen Sie am Anfang zumindest mal, es auf zwei Sekunden zu bringen. Zählen Sie im Kopf: Ein-und-zwan-zig, zwei-und-zwan-zig. Machbar?
- Lassen Sie sich auf das Denk- und Sprechtempo sowie den Rhythmus Ihres Gegenübers ein.
- Er*spüren* Sie (Achtung, dies ist Empathie-Next-Level!), ob Ihr Gesprächspartner eine Antwort oder Lösung sucht, wenn nicht, verpassen Sie ihm auch keine. Urteile gehören in Gerichtssäle, Vorurteile nirgendwohin.
- Verschenken Sie eine Oase: bedingungslosen Rückhalt, Vertrauen, Ermutigung und Datteln bzw. was Ihnen noch Positives einfällt.
- Üben Sie sich in Nachsicht: Das Verhalten Ihrer Mitmenschen hat, genau wie Ihres, ebenso und nicht minder gewichtige Gründe und Ursachen – zu sehen sind für alle Beteiligten immer nur die Spitzen der Eisberge.
- »Zu schee is a nix!«, sagte Else Kling zu den Models im legendären Buttermilch-Spot. Das Gleiche gilt für Empathie: Zu viel ist, wenn es Ihren eigenen Energiehaushalt angreift.
- Und auf ein bisschen Gefunkel wollen wir auf keinen Fall verzichten, deshalb wird zum Schluss die magische Zauberfrage verraten, mit der Sie sich Zugang zu so gut wie allen menschlichen Herzen verschaffen (vorausgesetzt, Sie meinen sie wirklich ernst): »Kann ich irgendwas für dich/Sie tun?« Oder noch besser, weil noch konkreter: »Was kann ich für dich/Sie tun?«

Gucken wir uns jetzt an, wie Kinder Mitgefühl lernen und mit welchem Verhalten Sie die Ausbildung von Empathiefähigkeit bei Ihrem wunderbaren Nachwuchs fördern können.

Sie alle kennen die Bilder von Neugeborenenstationen: kleine (manchmal rosa und himmelblau gekennzeichnete) Kokons voller selig schlummernder Wunder in winzigen Rollbettchen. Doch wenn eines zu schreien beginnt, lassen sich die anderen nicht lumpen und erreichen immerhin 120 Dezibel pro Schnäbelchen, so viel wie ein startender Kampfjet (arbeitsschutztechnisch sind übrigens schon ab 85 Dezibel Lärmschutzkopfhörer Vorschrift). Dieses rudimentäre Unwohlsein beim Weinen Gleichaltriger wird »Gefühlsansteckung« oder auch »reaktive Empathie« (also ohne Anteilnahme) genannt. Dabei handelt es sich also um eine Ähnlichkeitswahrnehmung, die bis zum sechsten Lebensmonat anhält und als Vorläuferbedingung für die Ausprägung »echter« Empathie gilt.

Mit zwei bis drei Monaten beginnen Babys immer besser auf Ja-wer-ist-denn-da-Spiele, Strahlegesichter und all den anderen Kasperkram zu reagieren, mit dem wir Eltern versuchen, mit unseren zuckersüßen Herzenswürmchen in Interaktion zu treten. Wie die Irren spiegeln und akzentuieren wir positive Emotionen und sorgen so für einen affektiven Gleichklang zwischen uns und dem Baby. Was lernt Ihr kleiner Spatz dabei? Er bildet eine Assoziationskette: Mondgesicht freut sich – ich und Mondgesicht sind beieinander – das fühlt sich gut an – und, obwohl ich das natürlich nicht weiß, mein Gehirn aber schon: Das alles drei zusammen ist supergut für die spätere Entwicklung meiner echten, emotionalen Reaktionen.

Ja, Ihr Baby ist schlauer, als Sie denken!

Im Alter zwischen zehn und zwölf Monaten gibt es für Ihren Wonneproppen nichts Wichtigeres als immer in Ihrem Gesichtskreis zu sein. In dieser Phase mögen die Kinder es gar nicht, wenn Sie sie aus den Augen lassen. Aus diesem Grund sendet Ihr Baby ausdauernd und mit großen Kulleraugen hilfesuchende Rückversicherungsblicke aus, die wichtige emotionale Hinweise enthalten:

Alles ist gut, niemand hat mich vergessen. Empfängt es darüber hinaus positive Signale wie Lächeln, Gesten oder eine Ansprache, ist es beruhigt und kann mit einem sicheren Gefühl die Welt weiter erkunden. Nimmt Ihr Kind hingegen eine schlechte Stimmung wahr, Sie kennen das, wird es rasch unsicher und lässt sich davon sogar anstecken. Dieses Phänomen des »Social Referencing« ist somit zwar ebenfalls eine Art Gefühlsansteckung, geht aber bereits einen Schritt weiter: Das von der Bezugsperson gezeigte emotionale Verhalten beeinflusst das eigene Befinden!

Nun schreitet die Empathieentwicklung immer schneller voran. Ihr Kind lernt schon bald, beobachtete Gesichtsausdrücke nachzuahmen, und macht die Erfahrung, dass sie bei ihm Empfindungen auslösen! Bevor es also wirklich versteht, was es da fühlt und warum, kann es zumindest schon mal den passenden Ausdruck produzieren und eine Art Spiegelgefühl erleben.

Doch noch sind alle bis jetzt beschriebenen Reaktionen des Kindes selbstbezogen: Die positiven oder negativen Gefühlszustände anderer Personen werden als eigenes Unbehagen oder eigene Freude empfunden, die Gefühlsansteckung führt zu einer regelrechten Identifikation mit dem anderen.

Wie aber löst sich diese Verbindung auf? Wann beginnen Kinder, zwischen sich selbst und anderen zu unterscheiden?

Selbstkonzept heißt dieser kostbare Schatz, der da in Ihrem Kind heranreift. Und weil es so viel Freude bereitet, mitzuerleben, wann dies geschieht, lege ich Ihnen einen ganz einfachen, zuckersüßen Test nahe: Tupfen Sie Ihrem Kind unbemerkt einen kleinen Klecks Babycreme auf Nase, Kinn oder Stirn und führen Sie es vor einen großen Spiegel. Dann warten Sie ab …

Ungefähr wischen dem 18. und 24. Monat, manchmal auch schon früher, entwickelt Ihr Kind die Fähigkeit, sich selbst im Spiegel zu erkennen. Wie äußert sich das? Indem es beispielsweise versucht, den Fleck in seinem Gesicht zu entfernen, erstaunt guckt, im Spiegel auf sich zeigt, versucht, seine Nase zu berühren und so weiter, also deutlich macht, dass es sich im Spiegel erkennt. Und genau dies wird als Vorhandensein eines ersten rudimentären bzw. globalen Selbstkonzepts gewertet.

Ab diesem Zeitpunkt überschlagen sich die Entwicklungsschritte, das Kind verfeinert dabei permanent seine Selbst- und damit auch die Fremdwahrnehmung, denn es stellt fest: Andere Kinder haben ja die gleichen Gefühle wie ich! Diese überaus lebenswichtige Erkenntnis befähigt Ihr Kleines, seine empathischen Reaktionen auf immer mehr Bereiche auszuweiten. Von der reinen Gefühlsansteckung gelangte Ihr Kind zur Betroffenheitsreaktion (im Sinne von egozentrischer Empathie), die mit Fortschreiten der kognitiven Entwicklung zu immer hilfreicherem, prosozialem Verhalten ausgearbeitet wird. Irgendwann bekommt man also, wenn man traurig ist, nicht mehr zum Trost das Kuschelschaf gereicht (was mir hilft, hilft auch dem anderen), sondern vielleicht ein gemaltes Bild, eine Wärmflasche oder was immer Ihrer Tochter oder Ihrem Sohn beim Hineinfühlen in Sie als passende Trosthandlung einfällt.

Aber Moment mal, da war doch noch was … Hieß es nicht eben, das Kind entdeckt das Ich-Bewusstsein? Richtig, das war die Stelle, bei der über Ihrem Kopf einige Ausrufe- und Fragezeichen aufgeploppt sind! Okay, ich gebe es zu, »Entdeckung des Ich-Bewusstseins« ist eine ziemlich euphemistische Umschreibung für »Trotzphase«. »Autonomiephase« klingt da schon viel besser – nichtsdestotrotz eine harte Zeit, nichtsdestotrotz ein wichtiger Meilenstein auf dem Weg zur Ausbildung von Empathie. Es hilft einfach nichts, Sie haben ja noch Augen-zu-und-Durchs vom GlüKi-Rezept und in diesem Fall hilft viel auch wirklich viel.

Und wenn Sie den Eindruck haben, bei Ihrem Kind hapert es, bei aller Liebe, dennoch ein wenig mit dem Mitgefühl, dann halten

Sie sich vor Augen, dass sich ja erst noch der Fasciculus arcuatus ausbilden muss, und das geht beileibe nicht von heute auf morgen, auch wenn wir diese Variante alle bevorzugen würden. Äh, der was? Na, Sie wissen schon, dieser spezielle Bogenstrang im Gehirn, eine Faserverbindung, die etwa ab dem vierten Lebensjahr einen Bereich im hinteren Schläfenlappen (Nachdenken über die Gedanken von anderen) mit einem Bereich des Frontalhirns (Differenzierung zwischen Gedanken und Realität, Abstraktionsvermögen) verbindet. Oder, anders gesagt: Das Kind lernt, über die Gedanken von anderen nachzudenken, und es lernt zu abstrahieren und zwischen Gedanken und Realität zu unterscheiden. Ohne diese neuronale Verbindung entsteht auch kein Mitgefühl oder Mitleid, da können Sie induktiv erziehen (siehe Seite 226), wie Sie wollen. Gut Ding will also mal wieder Weile haben, denn im kleinen Köpfchen Ihres Schatzes befindet sich eine Dauergroßbaustelle, das dürfen wir nie vergessen.

Gut, alles verstanden, prima, sagen Sie, aber was kann man als Eltern oder Bezugsperson denn dazu beitragen, dass zwischen »Ausbildung von Selbstkonzept«, gebogenen Strängen und Schulabschluss nichts schiefgeht? Schließlich updatet sich ein Kind ja nicht im Schlaf, um morgens plumpsfidel mit der neuesten Empathieversion ausgestattet zu erwachen?

Die folgende Aufzählung gibt Hinweise, wählen Sie nach Herzenslust aus, fügen Sie hinzu, verwerfen und ergänzen Sie! Es besteht keinerlei Anspruch auf Vollständigkeit. Und wenn Sie nach dem Durchlesen feststellen, dass Ihnen das alles sowieso schon hinreichend bekannt und selbstverständlicher Bestandteil Ihres Elternseins ist, dann ist das umso schöner.

Die Grundzutat und absolutes Basic: Liebe oder auch Zuneigung, Wärme, stabile Bindung usw. genannt. Ja, ich weiß, Sie mögen es schon nicht mehr hören und wissen zur Genüge, dass nur selbst- und bindungssichere Kinder (weil sie sich nicht nur ständig mit der eigenen Bedürfnisbefriedigung beschäftigen), in der Lage sind, aufmerksam auf die Bedürfnisse anderer zu reagieren. Haben Sie irgendwo einen Post-it? Schreiben Sie drauf: *Emotionale Kompetenz stärkt die Persönlichkeit.* Ist jetzt kein irgendwie witziger oder ironischer Spruch, sondern einfach mal die Wahrheit.

Seien Sie als Mann, Vater, Opa, Partner, Onkel, Trainer, Lehrer und Erzieher … ein Rollenvorbild für mitfühlendes Verhalten. Denn Jungs tendieren sonst gerne dazu, Empathie als geschlechtsspezifisches, typisch weibliches Phänomen wahrzunehmen.

Erziehen Sie induktiv, das heißt, erklären Sie Ihrem Kind, welche Auswirkungen und Konsequenzen sein Verhalten auf andere hat. Fragen Sie, wie es sich selbst in einer solchen Situation fühlen würde … Wenden Sie diese Methode aber unbedingt schon sehr, sehr früh sowie absolut alters- und völlig situationsneutral an; ein Dreijähriges in Rage kann nach einem Überraschungsangriff mit der Spielzeugschaufel auf seinen Sandkastenfreund Ihren komplizierten Moralverschwurbelungen durchaus leicht und selbstkritisch folgen, Ihre Empfehlungen zeitnah umsetzen und sich angemessen beim Spielpartner entschuldigen. Ehrlich. Nein, das ist natürlich Quatsch. Es kann weit bis ins vierte Lebensjahr dauern, bis Ihr Kind überhaupt annähernd in der Lage ist zu verstehen, dass es einem anderen Kind gerade Kummer bereitet hat. Und die Entschuldigung, die so viele Eltern verlangen? Dient im Grunde nur dafür, zu demonstrieren, dass das eigene Kind in Wirklichkeit gar kein so großer Rüpel ist und weiß, was sich gehört. Weiß es aber noch nicht. Das Antrainieren eines reflexartigen Tschuldigung-Murmlers führt nur dazu, dass das Kind es als eine Universal-Schwamm-drüber-Methode abspeichert. Die Erklärung: Spiegelneuronen. Ihr Kind imitiert Sie ständig, und wenn es mitbekommt, wie Sie sich bei anderen entschuldigen, und auch zu spüren bekommt, wie gut es tut, wenn Sie sich bei ihm entschuldigen (nach einem Streit; wenn Sie schrecklich ungeduldig reagiert haben; weil Sie doof waren), dann wird es diese Verhaltensweise nachahmen. Und bis es so weit ist, können Sie sich in Konfliktsituationen getrost im Namen Ihres Sprösslings entschuldigen: »Mensch, Maus, das tut mir leid, dass du jetzt traurig bist. Guck, hier ist der Bagger wieder …« Und ganz nebenbei kultivieren Sie ein stabiles Grundvertrauen.

Loben Sie Ihre Kinder, wenn sie Mitgefühl und soziale Kompetenz zeigen – die simpelste und gleichzeitig wirkungsvollste Methode der positiven Verstärkung. Ja, man mag diesen Punkt kaum noch erwähnen, hört aber leider immer wieder von Familien, in denen ein solches stärkendes Miteinander doch eher unbekannt ist.

Schlechte Nachricht, leider: Sie können beim Persönlichkeitsmerkmal Empathie nicht den Genen die Schuld geben, wenn Sie mit der Mitgefühl-Performance Ihres Kindes nicht zufrieden sind. Nur rund fünfundzwanzig Prozent beträgt der genetische Anteil, den Rest müssen Eltern und Bezugspersonen stemmen.

Leben Sie Mitgefühl, Hilfsbereitschaft und Fürsorge vor. Entwicklungspsychologen sind sich sowas von einig, dass es viel wichtiger ist, wie Kinder ihre Eltern/Bezugspersonen im Alltag erleben, als jedwede »bewusste Erziehung« erreichen könnte. Gleichaltrige Freunde und Geschwister sind die besten Sparringspartner und gleichzeitig ein Booster für die Reifung prosozialen und mitfühlenden Verhaltens.

Spielen Sie wieder und wieder Perspektivwechselspiele: »Wenn du die Katze/die Schwester/der Bruder/die Oma … wärst, was würdest du denken/fühlen?« Am besten lassen sich dazu Momente nutzen, die wir eigentlich als vertane Zeit betrachten, zum Beispiel beim Anstehen an der Supermarktkasse. Fragen Sie Ihr Kind: »An was denkt wohl die Frau mit dem großen Sack Hundefutter im Wagen?«; »Wie fühlt sich das Kind mit dem Gipsarm?«

Fragen Sie es auch einfach öfter mal um Rat und diskutieren Sie kindgerecht ethische Dilemmas: Meine Freundin hat hinter dem Rücken meiner anderen Freundin über sie gelästert. Soll ich ihr das jetzt erzählen?

Ermutigen Sie Ihr Kind, über den Tellerrand hinauszuschauen, seinen Horizont zu erweitern. Als Maß für Empathiefähigkeit gilt auch, für wen man Mitgefühl aufbringen kann – und das sollten nicht nur enge Familienmitglieder und Freunde sein.

Halten Sie eigentlich Familienkonferenzen ab? Auf dem Fußboden sitzend, auf einer speziellen Konferenzdecke, mit ausreichend Snacks und einem speziellen Rede-Ball – und jedes Mal darf ein anderes Kind Kanzlerin, König oder Bestimmer sein.

Ich wäre nicht Kinderbuchautorin geworden, wenn ich nicht davon überzeugt wäre, wie wichtig das Vorlesen ist. Nichts taugt besser, sich in andere Menschen, Welten und Bedürfnisse hineinzuversetzen, als Geschichten. Lassen Sie dabei auch mal ein Kuscheltier nach dem »Schönsten des Tages« und dem »Blödesten des Tages« fragen – manchmal fällt es Kindern leichter, Tiger/Bär/Elefant/Hund/Katze/Maus ihr Herz auszuschütten.

Deshalb erwarten Sie anstelle einer Gefühlsgeschichte ein paar schöne Ideen, wie Sie spielerisch das Thema Mitgefühl angehen können und ganz nebenbei darüber ins Gespräch kommen:

FRAU PROF. SCHLAU-MEIERS MITGEFÜHL-SPIELIDEEN

Kindeeer, kommt mal her, jetzt wird gebastelt!

WAS DENKT DER SCHNIPSEL-MENSCH?

Schneiden Sie gemeinsam aus Zeitschriften verschiedene Personen aus und kleben Sie diese auf ein Zeichenblockpapier. Geben Sie nun jedem Papiermenschen eine schöne, große, leere Sprechblase und besprechen Sie gemeinsam, was sie oder er wohl denken oder sich wünschen könnte, wie derjenige sich fühlen oder wovor diejenige sich fürchten könnte … Das Gleiche funktioniert auch mit Tieren, Gebäuden, Gegenständen: Was denkt wohl diese Banane? Oder wie geht es dem Berg mit all den kitzelnden Skifahrern?

WAS DENKT DER KOPF?

Lassen Sie Ihre Kinder ein Stethoskop basteln, jedes sein eigenes. Es soll möglichst echt und professionell aussehen (umso länger haben Sie eine Verschnaufpause). Lassen Sie Ihre Kinder sich auch noch als Wissenschaftlerinnen oder Forscher verkleiden (noch längere Verschnaufpause). Schminken ist auch noch gut, doch, auch als Frau trägt man Watte-oder Kajal-Bart (superlange Verschnaufpause). Nun dürfen die Kinder mit ihren Spezial-Stethoskopen in Ihren Kopf hineinhören. Geben Sie ein paar Situationen vor: »Was dachte ich gestern, als ich so nachdenklich am Tisch saß?«; »Warum habe ich gestrahlt, als du mir vorhin XY erzählt hast?« Oder fragen Sie ganz allgemein, ob die Kinder hören können, was in Ihrem Kopf so vor sich geht. Sie werden erstaunt sein, wie gut diese Spezial-Stethoskope funktionieren!

DER GEFÜHLE-PFEIL

Lassen Sie die Kinder aus stabilem Kartonpapier einen richtig großen Pfeil basteln. Der kann beklebt, bemalt, beglitzert, gefedert und besprenkelt werden, nach Herzenslust und bitte beide Seiten (Verschnaufpausen-Hinweis siehe oben); schön bunt und auffällig, denn dieser Pfeil wird Ihr original Was-fühlst-du-was-fühle-ich-Helfer. Geraten Sie also in Situationen, in denen heftige Gefühle im Spiel sind, könnten Sie den Gefühlspfeil zu Deeskalationszwecken benutzen: Ich-Botschaften sind es nämlich, die Sie verwenden sollen, auch in Situationen, in denen Sie lieber mit »Du hast schon wieder … Du bist immer … Du machst dauernd …« um sich werfen würden. Richten Sie den Pfeil auf sich, atmen Sie tief durch und ringen Sie sich eine Ich-Botschaft ab, nach dem Motto: »Ich bin völlig erledigt und deswegen ziemlich empfindlich und deshalb echt genervt, dass du deine Sachen nicht weggeräumt hast.« Oder: »Ich habe Kopfschmerzen und kann deshalb nicht mit dir toben.« Oder einfach: »Ich würde lieber ein anderes Buch vorlesen, weil …«

Okay, schon klar, dies ist eine absolute Übermensch-Empfehlung, schreiben Sie mir, wenn Sie das mal hingekriegt haben, aber einen Versuch ist es wert. Und sollte Ihnen nichts weiter einfallen außer »Ich bin müde«, auch gut, drehen Sie den Pfeil blitzschnell um und lassen Sie Ihr Kind über seine Ansichten reden ...

DER WUNSCHSTAB

Lassen Sie die Kinder einen Wunschstab aus einem Stock oder Ast basteln und sich drei oder vier reich verzierte Modelle zur Auswahl vorlegen. Oder fünf. Spielen Sie das Wunsch-Spiel am besten vor dem Schlafengehen oder in einem ruhigen Moment. Jedes Kind schnappt sich seinen Stab und formuliert einen Wunsch. Anschließend sagen Sie gemeinsam einen Wuuusch-weg-mit-dem-Wunsch-Spruch. Dann lassen Sie Ihr Kind Wünsche für sich selbst, für Sie und andere formulieren. Erbitten Sie auch mal einen Wunsch für die Frau in der Bäckerei, den Nachbarn von gegenüber, die Enten im Stadtpark oder ein Kind, irgendwo auf der Welt.

ICH BIN DU!

Rollentausch: Die Kinder spielen Sie (mit Verkleiden und Schminken, Sie wissen schon, warum ...). Wichtiger Hinweis: Dies ist kein Spiel für schwache Nerven, Kinder sind sehr, SEHR ehrlich und sehr, SEHR gute Beobachter! Aber Sie wissen ja sowieso schon: Die Bereitschaft zur Perspektivübernahme ist einer der Grundpfeiler der Ausbildung von Empathiefähigkeit.

STÄRKE-DUSCHE

Keine Sorge, diese Anregung hat nichts mit der Plurche aus dem Ekel-Kapitel zu tun, eine Duschhaube brauchen Sie aber trotzdem. Wer sie aufhat, bekommt von den Mitspielern eine Stärke-Dusche verpasst und darf sich im warmen Strahl von Komplimenten, Lob und Anerkennung räkeln und wohlfühlen. Und das Tolle ist: All diese wundervollen Herzensbotschaften lassen sich nie wieder von der Seele waschen!

So, liebe Kinder, das war's von eurer lieben Frau Prof. Schlau-Meier. Ich sage Tschüss!

Passt sehr gut auf euch und aufeinander auf.

Und wenn ihr Fragen habt, dann schreibt mir einfach, ich freue mich drauf!

Eure Frau Prof. Schlau-Meier

Wir sind durch! Die Überfahrt ist geschafft. Mal sehen, was es da am neuen Ufer zu entdecken gibt …

In diesem Sinne wünsche ich Ihnen aus tiefstem Herzen alles erdenklich Gute für Sie und Ihre Lieben!

Allerherzlichst und fröhlich winkend,

Ihre

Andrea Schütze

LITERATUR

Briendl, Linda, 2007. Die überschattete Emotion: Von der Peinlichkeit zur Selbstverachtung. Vortrag, 57. Lindauer-Psychotherapiewochen

Ernst, Heiko. Warum positive Gefühle so wichtig sind, Psychologie Heute 01/2006

Freude – aus psychologischer Sicht, 2007. Beitrag Bistumszeitung, Der Dom, Paderborn

Friedlmeier, Wolfgang, Trommsdorf, Gisela, 1992. Entwicklung von Empathie. In: FINGER, Gertraud et al. Frühförderung – Zwischen passionierter Praxis und hilfloser Theorie. Freiburg, Lambertus, S. 138–150

Haug-Schnabel, Gabriele, 2005. Schäm dich! Menschen. das magazin (2), S. 82–85

Was fühlst du?, Dein SPIEGEL, Nr. 02/2020

Schütze, Andrea, 2017. Warum tanzen wir vor Glück und kochen vor Wut? Die kleine Gutenacht-Fee. Geschichten aus dem Zauberwald. Ellermann Verlag

Schütze, Andrea, 2020. Ich mag dich, wie du bist. Der größte Schatz der Welt. Ravensburger Verlag

Marks, Stephan. Menschenwürde und Scham. Zusammenfassung aus Marks, Stephan, 2010. Die Würde des Menschen oder Der blinde Fleck in unserer Gesellschaft; und Marks, Stephan, 2009. Scham – die tabuisierte Emotion, 2. Auflage. Patmos Verlag

Immenschuh, Ursula, Marks, Stephan, 2014. Scham und Würde in der Pflege. Mabuse-Verlag

www.klaus-grawe-institut.ch

www.kindergartenpaedagogik.de/fachartikel/psychologie/1944, Erkennen, fühlen, benennen … Grundlagen der emotionalen Entwicklung im frühen Kindesalter

www-de.scoyo.com
www.stark-durch-erziehung.de
www.kindergesundheit-info.de
www.kiba-studie.de
www.jan-uwe-rogge.de
www.familienhandbuch.de
https://psylex.de/psychologie-lexikon/
https://portal.hogrefe.com
https://link.springer.com
https://lexikon.stangl.eu
https://homepage.univie.ac.at/michael.trimmel/proseminar/emotion
https://arbeitsblaetter.stangl-taller.at
www.antjeschrupp.de/neid-vortrag
www.kita-fachtexte.de

ÜBER DIE AUTORIN

Andrea Schütze hat in ihrer Kindheit so ziemlich alle Hobbys ausprobiert, die man sich nur vorstellen kann. Irgendwann ist sie beim Lesen geblieben und schreibt deshalb auch so gerne selber Bücher. Sie hat einen Gesellenbrief als Damenschneiderin, ein Diplom als Psychologin, aber kein Seepferdchenabzeichen. Mit ihren beiden Töchtern und einem Kätzchen lebt sie in einem rosaroten Haus mitten im Schwarzwald. In der Nähe gibt es eine Stelle, an der man gleichzeitig in Deutschland, Frankreich und der Schweiz stehen kann – vorausgesetzt natürlich man hat drei Beine.

Das Schönste ist, wenn sie hin und wieder hört, dass sie mit ihren Geschichten ein klein wenig zur gelungenen GlüKi eines Kindes beitragen konnte – dafür gibt sie ihr ganzes Herzblut.

www.andrea-schuetze.de
Instagram: andrea_schuetze_autorin